浙江省普通高校"十三五"新形态教材

浙江省 2018 年重点出版物出版计划

2019 年度浙江省社科联人文社科出版资助项目（19WT09）

U0749220

所见非真
——理解视觉文化的方法

沈　珉　著

浙江工商大学出版社｜杭州

ZHEJIANG GONGSHANG UNIVERSITY PRESS

图书在版编目(CIP)数据

所见非真：理解视觉文化的方法 / 沈珉著. —杭州：浙江工商大学出版社，2019.6(2021.3重印)
（网络化人文丛书 / 蒋承勇主编）
ISBN 978-7-5178-3034-4

Ⅰ. ①所… Ⅱ. ①沈… Ⅲ. ①视觉艺术－文化研究 Ⅳ. ①J06

中国版本图书馆 CIP 数据核字(2018)第 257160 号

所见非真——理解视觉文化的方法
沈 珉 著

出 品 人	鲍观明
责任编辑	沈明珠　张　科
封面设计	林朦朦
责任印制	包建辉
出版发行	浙江工商大学出版社
	（杭州市教工路 198 号　邮政编码 310012）
	（E-mail：zjgsupress@163.com）
	（网址：http://www.zjgsupress.com）
	电话 0571-88904980,88831806（传真）
排　　版	杭州朝曦图文设计有限公司
印　　刷	杭州宏雅印刷有限公司
开　　本	787mm×960mm　1/32
印　　张	6.5
字　　数	101 千
版 印 次	2019 年 6 月第 1 版　2021 年 3 月第 2 次印刷
书　　号	ISBN 978-7-5178-3034-4
定　　价	28.00 元

总 序

从普及人文知识,提升大学生和社会公众人文素养的宗旨出发,我们精心策划编写了这套"文字—视频—音频"三位一体的"网络化人文丛书"。其定位是:人文类普及读物,兼顾知识性、学术性、通俗性;既可作为大学人文通识课教材,又可作为社会公众的普及读物。

移动网络时代,"屏读"逐步改变着人们的阅读方式,传统的"纸读"在人们的阅读生活中有日渐淡出之势。常常有人称"屏读"为肤浅的"碎片化"阅读,缺乏知识掌握的系统性和文本理解的深度,因此,我对此种阅读方式表示忧虑。

我以为,我们应该倡导有深度和系统性的阅读——主要指传统的"纸读",但是,对所谓"碎片化"的阅读,也不必一味地批评与指责。这不仅是因为"屏读"依托于网络新技术因而有其不可抗拒性,还因为事实上这种阅读方式也未必都是毫无益处甚至是负面的,关键是网络时代人们的心境已然不再有田园牧歌式的宁静与悠然,而是追求单位时间内阅读的快捷性和有效性,这符合快节奏时代人们对行为高效率的心理诉求。我们没有理由在强调不放弃传统阅读方式的同时,非得完全拒斥移动网络时代新的阅读方式,而应该因势利导,为新的阅读方式提供更优质的阅读资源和更多元化的阅读渠道。

基于此种理念,这套"网络化人文丛书"力求传统与现代、人文与技术的融合,通过二维码技术使"纸读"与"屏读"(视频、音频)立体呈现,文字、视频和音频"三位一体",版式新颖;书稿内容力求少而精,有人文意蕴,行文深入浅出、雅俗共赏,在一般性知识介绍与阐释的基础上有学术的引领和提升;语言简洁、明了、流畅,可读性强,既不采用教材语言,也不采用学术著作语言,力图让其成为网络时代新的阅读期待视野下大学生和社会公众喜闻乐见的人文类普及性读物。

我们坚信,这样的写作与编辑理念是与时代精神及大众阅读心理相契合的。不知诸君以为如何?

蒋承勇

2018 年 8 月

目　录

引　言　观看：在多义中搜寻图像的本义

　　当下，人们遭受的视觉困惑远超过历史上的任何一个阶段，观看已变成一件不是那么容易的事情了。

　　彼得·波拉把视觉理解为文化建构，这使得观看活动可以从其物理的光学性能中脱离出来。"视觉领域的社会、文化和理论构建在不同程度上，单独或共同决定了构成观看行为的形式法则和观看者的特征。我们思考的这个主题，其特定的社会、阶级和性别属性部分是由观看的位置构成的，它被强制在视域之内相关的位置上。这些位置既存在于真实的空间，也存在于虚拟的空间。"

　　对这段话的理解可以从以下几个方面进行。

　　首先，对于视觉文化的内涵有一个阶梯性的认识：从传统视觉艺术到视觉文化。观看，其实可以归纳成三个阶段。

　　第一个阶段是传统阶段，即传统艺术欣赏阶

段。在艺术的欣赏过程中,作品、创作者与欣赏者之间的关系是平等的,欣赏者对作品产生仰慕之情,并在这种仰慕中解释作品,试图进入创作者的内心。在经典画作面前,储备起足够的知识资本,能够洞晓画作的精义,这种能力被视为一种鉴赏力。

第二个阶段是后现代文化阶段。观看者的作用被放大,观看者、观看对象及创作主体被纳入一个阐释共同体。也即,视觉文化的内涵不再是艺术框架之内对于视觉对象审美的策略与技巧,而成为艺术外部的考量方式。

第三个阶段是现阶段开始的拟像与幻象的阶段。在兴起的电子技术中,通过电子的信码,以AR、VR、MR 等技术塑造出拟境,观看者被置于对象之中,这样主体与客体不再是隔着玻璃的凝视,而是同时到达了另一维度的时空之中。如何进行观看,这就成为新的视觉问题。

其次,必须意识到对视觉的认识是艰难的。现在视觉的领域是空前广泛的,我们观看的方式也要发生变化。在传统观看中,图像的空间与观看的空间是平行的。图像代表着过去,并以不在场的方式建构了对象的存在方式,观看者站在现在的点上追忆过去,观看的意义正在于此。流动

的摄影图像改变了这一局面,使得不在场与在场得到对接。虚拟现实则走得更远,它是一种变形的空间,它不处于现实的空间结构中。图像不再是封闭的观看客体,而对主体打开了;图像由"召唤模式"转为"纳入模式",观看主体与客体都向前走了一步,降临到一个异次元空间,或者说,主体与客体共同创建了这一空间。正因如此,观看的本质改变了。它取消了观看主体与客体的距离;它以不断变化的角度调整着图像的框架与内容,使观看的逻辑变得含混;它动用了其他的感官,使观看变得更加复杂。可以说,这一过程悬置了"观看",它始终让主体"在场""亲历",以往通过"观看思考"得到的"结论",现在通过"体验"而形成"经验"。

最后,要认识到视觉的体会与理解是有差异的。

每个人每天都在看,但是看到的东西与看到的结果并不一致。观看是一个复杂的过程,第一,要考虑观看器官的功能完善与否。第二,观看者本身具有的视觉素养是有差异的,观看的兴趣不同,观看的方式也就不同。第三,观看的文化背景不同,观看的结果也不一样。

观看的复杂化是当代文化的特点,它给现代

人提供了丰富多样的视觉体验,也在潜移默化地规训现代人。麦克卢汉认为,当下的观看图景是工业文化与商业文化合体的结果。我们看到的并不是对象本身的模样,它是经过矫饰与伪装,通过读心术将你紧紧抓在手心的手段。也就是说,"所见非真"。

正是当代文化策略的失败,才导致了观看的复杂化。这本小书,就是告诉你运用何种思想或者理论作为指导,才能跳出视觉的圈套,回归理性的审视。

1 《最后的晚餐》:图像的形式与意义

作为一个非艺术专业的观众,读懂画可能主要是从内容方面说的。那么从辨识图中的形象开始,我们能做什么呢?潘诺夫斯基把画引向了文化的解读。

潘诺夫斯基在其图像学著作的开篇举了一个例子:

> 假如有位熟人在大街上向我脱帽致意,此时,从形式的角度看,我看到的只是若干细节变化,而这种变化构成了视觉世界中由色彩、线条、体量组成的整体图案,当我本能地将这一形态当作对象(绅士),将这些细节变化当作事件(脱帽)来感知时,我已经超越了纯粹形式的知觉限制,进入了主题或意义的最初领域。此时为我所知觉的意义具有初步、

容易理解的性质,我们称之为事实意义。

⋯⋯⋯⋯⋯⋯

一旦对象与事件被这样认识,就必然会在我心中引起某种反应。通过这位熟人的脱帽方式,我可以觉察出他的心情是好是坏,对我的态度是冷漠,是友好,还是抱有敌意。⋯⋯因此,这些心理感觉的细微差别还将使这位熟人的手势具有另一种意义,即所谓表现意义。它不同于事实意义,因为它是通过"移情"而不是单纯的等同领悟到的。为了理解这一意义,我得要有某种程度的感受性。不过,这种感受性依然是我实际经验的一部分,仍限于日积月累、耳熟能详的对象与事件的范围。就此而言,事实意义与表现意义属于同一个层次,它们构成了第一性或自然意义。

然而,我将脱帽理解为致意则属于完全不同的解释领域。这种致意形式是西方特有的行为方式,是中世纪骑士制度的遗风。因此,当我将脱帽行为理解为合乎礼仪的致意时,我实际上已经认识到蕴含在其中的所谓第二性或程式意

义。这种意义不是感觉性的,它是可理解的,是被有意识地赋予传达它的实际动作的,就此而言,它与第一性意义或自然意义大不相同。

最后,这位熟人的行为不仅构成了空间与时间中的自然事件,如实际显现某种心境与情感,传达约定俗成的致意;而且还使阅历丰富的观察者从中看到构成其"个性的一切东西"。这一个性由他的民族、社会与教育背景及他是一个20世纪之人这一事实所决定,由他过去的生活经历及现在所处的环境所决定;但与此同时,个性也因每个人的观察习惯及其对世界的反应方式而有别于他人,从理性的角度说,这一方式应该被称为一种哲学……

所以从另一方面说,每个单独的行为亦可以依据上述特质加以解释。这些被称为发现意义、内在意义或内容。它与另外两种现象性的意义即第一性或自然意义和第二性或程式意义不同,它不是现象性的,而是具有本质性的。我们或可为之确立这样一条统一原理:内在

意义不仅支撑并解释了外在事件及其明
显意义,而且决定了外在事件的表现形
式。一般来说,内在意义或内容高于主
观意识判断领域之上的程度相当于表现
意义低于这一领域的程度。

这段文字多少有些深奥。

在上述文字中,我们其实可以看到图像分析
家潘诺夫斯基从他所见到的形式、造型出发来挖
掘视觉对象背后的文化意义的整个过程。

在看一幅具象的绘图作品时,我们总是希望
看懂画家在画些什么,并对它进行文本化的解
说。这个过程需要一定的知识储备量,在一般的
方法里,总是要收集有关画家时代背景的资料,
以及绘画作品本身的资料,通过建立系列的比
较,来了解画作的风格与类型,以及画家表现的
方法与寓意。这样,才能够比较深刻地理解作
品。不仅如此,潘诺夫斯基还提供了一份分析操
作指南,于是对作品的解释有了一套可操作的程
式,如表1所示。

表 1　图像学分析表

解释的对象	解释的行为	解释的资质	解释的矫正原理（传统的历史）
Ⅰ.第一性或自然主题——（A）事实性主题,（B）表现性主题——构成美术母题的世界	前图像志描述（和伪形式分析）	实际经验（对对象、事件的熟悉）	风格史（洞察对象和事件在不同历史条件下被形式所表现的方式）
Ⅱ.第二性或程式主题,构成图像故事和寓意的世界	图像志分析	原典知识（对特定主题和概念的熟练）	类型史（洞察特定主题和概念在不同历史条件下被对象和事件所表现的方式）
Ⅲ.内在意义和内容,构成"象征"价值的世界	图像学解释[深义的图像志解释（图像志的综合）]	综合直觉（对人类心灵的基本倾向的熟悉）,受到个人心理与"世界观"的限定	一般意义上的文化征象或象征的历史（洞察人类心灵的基本倾向在不同历史条件下被特定主题和概念所表现的方式）

分析分成三个阶段：

第一个阶段是从造型出发,通过对线条、色彩等的分析,辨识出作品的事实,这里需要运用原典的知识,也需要用风格史去了解这一母题的变化方式；第二个阶段是通过对既有的原典知识的掌握来发现和解释图像的传统意义,即作品特定主题的解释（图像志分析）,掌握在不同的历史条件下不同作者表现同一主题与概念的方法；第三个阶段是解释作品更深的内在意义或内容,这被称为图像学分析,即潘氏所谓象征意义,在这一过程中必须对人类心灵状况有基本了解,以控制其解释的边界。

通过这一过程的展开,作品由单纯的故事性描述转向对画家意图的认知及对历史文化的洞察。

在西方的艺术史写作中,对绘画及画家的阐释始于瓦萨里。而潘诺夫斯基为绘画的阐释确立了一套方法体系,从而使得绘画的阐释具有了可操作的方式。虽然到了贡布里希时,提出了要把对绘画的阐释收归到画家这里,从而阻止了过度炫耀知识而无限阐释的倾向,但是潘诺夫斯基确实为我们开辟了一条从形式通往意义的道路,并且明确把它当成一件富有科学精神的事。

下面尝试使用潘氏的图像解读方法对《最后的晚餐》进行分析。

1.1 《最后的晚餐》的前图像志描述

《最后的晚餐》是达·芬奇(1452—1519)毕生创作中最负盛名的辉煌之作,创作时间为1495—1498年。此画现存于意大利米兰圣玛利亚感恩教堂的餐厅墙壁上。由于材料的使用问题,这幅

伟大的作品在完成之后的若干年内就颜色剥落、形象模糊。经过后面不断的整修，这幅作品才能留存于世。可以说，这幅作品的存在本身就是个奇迹。

1.1.1 《最后的晚餐》概说

对《最后的晚餐》的前图像志描述，需要识别出"吃饭"这一事件，而且还要明白这不是一次简单的晚餐，而是耶稣与其门徒吃的最后一次晚餐。

这里解释两个要素：人物与事件。

吃饭的人。根据《圣经·福音书》记载，耶稣从诸门徒中特选了十二个门徒，即西门彼得、西庇太的儿子雅各（大雅各）和约翰、安德鲁、腓力、巴多罗买、多马、马太、亚勒腓的儿子雅各（小雅各）、达太（又作雅各的儿子犹大）、奋锐党的西门，以及加略人犹大。在犹大叛主自杀后，马提亚被添入了这个系列之中，此十二人被称为"十二门徒"。关于这次晚餐，在《马太福音》和《约翰福音》中都提到过。

吃饭这件事。据《马太福音》第 26 章第 21—22 节记载：

最后的这顿晚餐里，"耶稣说：'我实话告诉你们，你们中间有一个人要出卖我了。'他们就甚为忧愁,一个一个地问他:'主,是我吗?'"

《约翰福音》第13章第23—24节还记载:"有一个门徒,是耶稣所爱的,侧身挨近耶稣。西门彼得点头对他说:'你告诉我们,主是指着谁说的。'"

达·芬奇的这幅画,画的就是"最后的晚餐"时的情景,是耶稣刚刚宣布被人出卖的消息时众人的反应。

如果画面从左到右标上数符,这些人物依次是(按头的位置算):①巴多罗买,②小雅各,③安德鲁,④犹大(叛徒),⑤西门彼得,⑥约翰,⑦耶稣,⑧多马,⑨大雅各,⑩腓力,⑪马太,⑫西门,⑬达太。

《最后的晚餐》(吉安皮提安复制品)

下面以三人为一组(一组为一个单元,耶稣除外),分别介绍这些人物。从左起第一单元为巴多罗买、小雅各和安德鲁。

巴多罗买、小雅各、安德鲁

①巴多罗买。

巴多罗买是耶稣忠实的门徒。据说他在印度传道，最后被反对他的人活生生剥皮斩首而死。所以在很多艺术家所塑造的巴多罗买形象中，他手中往往都拿着自己的皮，比如他在米开朗琪罗创作的作品《最后的审判》中的形象。米兰大教堂祭坛的后边，有一尊巴多罗买的雕塑，是一个中年男子，"比真人略高，光头，目光炯炯向前。手里拿着一块长长的片状的东西，好似一大块薄布。奇异的是这个男人没有皮肤，全身裸露的全是光溜溜的肌肉、骨骼和血管,而每一根筋骨、每块肌肉、每根血管全表现得清清楚楚,精准地符合人体解剖","这个剥去皮的躯体坚实挺拔,双脚有力,目光镇定向前,手中自己那张被剥下的皮,好似飘然的斗篷"。(冯骥才:《意大利读画记》)

米开朗琪罗《最后的审判》中巴多罗买的形象

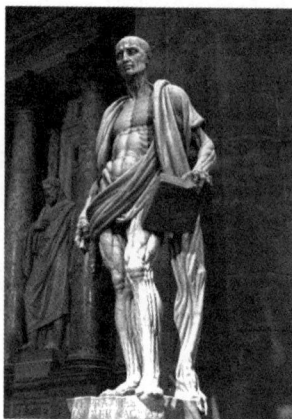

马克·达阿格里特所塑的巴多罗买像

在《最后的晚餐》中,他居左边第一位。他双手撑桌子,直看着耶稣,仿佛不敢相信耶稣说的话。

②小雅各。

小雅各,福音上仅记载他是十二门徒之一,又说他和耶稣有亲戚关系。

他有一个兄弟,名叫若瑟,同是亚勒腓的儿子;他的母亲名叫玛利亚,是耶稣的母亲玛利亚的

"姊妹"。因为"姊妹"和"兄弟"等词在希伯来语中含意颇广,小雅各究竟属于"主的兄弟"中的哪一等级,就不得而知了。小雅各在传教的时候和其他的基督徒一起被捕。古时留下代表小雅各标志的是一把锯子,传说他是被锯子锯死的。

在《最后的晚餐》中,小雅各扶着安德鲁的肩膀,看向西门彼得,仿佛也想知道真相。

③安德鲁。

安德鲁在希腊语中的意思是"勇敢",有男子气概。安德鲁之所以会成为耶稣的徒弟,是因为有一次耶稣正沿着加利利海的岸边散步,正巧就碰到了安德鲁在那边钓鱼,从此安德鲁便放弃了一切开始一心一意传教。据说他是在希腊的佩特雷(Patras)传教时被杀的。被杀时,他请求不要让他以和耶稣一样的姿势钉在十字架上。他的请求得到批准,于是他最终在 X 形的十字架上被钉死。此十字架因此被称为"圣徒安德鲁之架"。

在《最后的晚餐》中,他双手摆动,非常吃惊。

犹大、西门彼得与约翰为第二单元。

④犹大。

据《新约》记载,犹大生于加略,他在门徒中排名很靠前,也深得耶稣重视。但是他对耶稣的许

犹大、西门彼得、约翰

多教导不以为然,甚至还想以出卖主的方式强迫耶稣显现自己的神迹。他在客西马尼园对犹太教祭司长说:"我与谁亲嘴,谁就是他(耶稣)。你们可以拿住他。"(马太福音 26:48)因此,"犹大之吻"也意味着背叛。

这样,他以三十个银币的价格将耶稣出卖给罗马政府。耶稣被十字架钉死后,犹大因悔恨而自杀。

乔托·迪·邦多纳创作的湿壁画《犹大之吻》

在《最后的晚餐》中，他的手正紧紧攥着一个小袋子，另一只手指向餐盘，与耶稣的手指向一致。他的身子不自觉地往后退缩，仿佛感到了恐惧。

⑤西门彼得。

西门彼得原为渔夫，蒙受耶稣的召唤，放弃家产与渔网，跟随了耶稣。他是耶稣最爱的门徒之一。彼得这个人性格直爽可爱，热情易冲动。

在《圣经》中，他有三次不认主的记录。最后一次逾越节时，耶稣说在今夜鸡叫之前彼得会有三次不认他。彼得回答说他必将与耶稣同死，不可能不认耶稣的。众门徒都同意彼得的观点。后来耶稣被犹大出卖，捉拿耶稣之人带其至大祭司的院子，彼得亦远远跟随。彼得看见耶稣被众人控告、辱骂，以治死他为目的，但是耶稣并不为自己辩解。一位使女看见了彼得，她指着彼得说他与耶稣是一道的。彼得装作不认识，说不知道使女在说什么。到前院后，又被一名使女认出他的身份，他仍然装作不认识耶稣。不久后，旁边站着的人指出彼得的口音与耶稣一致，彼得再次回答他并不认识耶稣，这时，鸡叫了。耶稣竟然言中了这一切。彼得确实因恐惧而三次不认主。

耶稣被钉上十字架之后，彼得也为尼禄所捕，被判为道殉身。彼得认为自己不配与耶稣死法一样，所以希望自己被倒钉在十字架上。结果他被倒钉在十字架上而死。

在《最后的晚餐》中，他凑近了约翰，因为约翰就是耶稣最爱的门徒，他认为约翰可能会知道详情。他手里握着一把刀，准备随时千刀万剐那个叛徒。

⑥约翰。

约翰是雅各的兄弟，原为渔夫，耶稣为他取名半尼其（意为雷子），他被称为主所爱的门徒。约翰是十二使徒中唯一寿终正寝的。他躲过了尼禄的迫害，被充军到拔摩岛，在那里完成了旷世巨作《启示录》。之后，他回到以弗所教会，活过了百岁。

《圣经》记述约翰是不长须的男子。

《最后的晚餐》中的他面色阴郁，显得非常悲哀。他面目俊秀，金发及肩，以至于有许多人认为这是抹大拉的玛丽亚。《达·芬奇密码》一书中沿用了这样的观点，甚至认为他就是耶稣的妻子。但从其他画家的作品来看，他经常被处理为与耶稣关系最近的门徒，靠近耶稣恸哭或者伏桌恸哭。

在《最后的晚餐》中，他悲伤地垂着眼。

⑦耶稣。

耶稣的神情与约翰相近。他用手撑着桌子,展现出一种悲痛而又无奈的姿态。

耶　稣

多马、大雅各、腓力为第三个单元。

多马、大雅各、腓力

⑧多马。

多马在印度西北部传道，后来被婆罗门的祭司用矛刺死，为主殉道。

在《最后的晚餐》中，他向上伸出的手指反映了他的心烦意乱，仿佛是在不自信地自问：背叛主的人会是我吗？

⑨大雅各。

使徒大雅各的殉道是直接被记载在《圣经》里的，他也是十二使徒中第一位殉道者。他面临死刑时的沉静无畏感动了诬告他的人，反而使之也归信基督，执刑官大为愤怒，于是两人一起被斩首殉道。

作品中他低头不语，一如往常一般沉默。

⑩腓力。

腓力是加利利伯赛大人。根据《约翰福音》第一章记述，耶稣遇见腓力，对他说："你跟我来吧。"腓力一听到耶稣的召唤，毫不犹豫，立即追随耶稣。

腓力起初在上亚西亚做工，后经过弗吕家，直到希利波里，眼见居民迷信偶像，甚至跪拜巨蛇，他设法引导多人归主，并且将巨蛇治死，因此触怒官长，被捕下监，经拷打后被钉十字架。因此，在宗教作品中，腓力有脚踩蛇神的造型，比如梵蒂冈的腓力雕像。

梵蒂冈的腓力雕像

在《最后的晚餐》中，他的手放在胸前，仿佛在向耶稣要一个解释。

马太、西门、达太为第四个单元。

马太、西门、达太

⑪马太。

早年的马太是个公务员,是帮罗马政府收税的,后来开始追随耶稣。他的蒙召富有戏剧性,他正坐在税关上收税,耶稣走到他面前,不是像其他人那样纳税,而是简单地对他说:"你跟从我来。"他立即撇下所有的东西,跟从了耶稣。他起先在犹太各地传道达九年之久,后来他前往埃提阿伯,在那里设立教会,领多人归主,又赴帕西亚传道,当他重返埃提阿伯时,在乃旦巴(Nadaba)城被戟刺死。

在《最后的晚餐》中,他双手伸向耶稣,脸转向另一侧,仿佛在质问兄弟:"你们说,谁会背叛主呢?"

⑫西门。

西门曾在毛力坦拿(Mauritania)做工,宣扬福音,后赴非洲,甚至到了英国,最后在英国被钉十字架殉道。

在《最后的晚餐》中,他转向最后一个人达太。

⑬达太。

达太也是忠实的教徒。他在亚美尼亚传道,在波斯被钉十字架殉道。

达太是个寡言少语的人,达太这个名字的意思是"智慧者"。

地《最后的晚餐》中,达太伸展双手,仿佛在回答兄弟的问话:"我真的不知道啊。"

上述是十二门徒的大致史迹与其在作品中的姿势。

1.1.2 《最后的晚餐》的艺术性

"最后的晚餐"是一个古老的画题。在以往的画作块面的展现中,人物情绪的表达都没有达到这样一个高度:没有大幅度的肢体语言,却在细微处刻画了人物的性格,且个个栩栩如生。比如 13 世纪人们所画的《最后的晚餐》,人物形象较为僵硬,刻画的比例与角度也不甚完美。

13 世纪作品《最后的晚餐》

达·芬奇在《最后的晚餐》中能够将每个人物的性格通过姿态与表情传达出来。据说达·芬奇在画犹大的形象前,思索多时而不能下笔。修道院院长不断催促他完工,达·芬奇就把犹大的脸画成院长的脸,以影射院长的功利之心。不管此传说真实与否,可以想象的是,艺术家的创作是以人物为模型的再塑,因此形象丰富。除了人物造型值得称颂外,这幅画还有其他艺术成就可圈可点。

首先是达·芬奇在这里使用了线性透视法。所谓线性透视法,是指一种合乎科学逻辑的描绘物理空间的方法,可将三维空间立体地真实地展现在二维平面上。其最常见的规则就是我们所熟悉的"近大远小"法,这样就能较为真实地反映空间布局。达·芬奇在这幅画中精密地使用线性透视法,使作品的空间延伸到了真实空间之中,我们所处的三维空间与画面中的二维空间因为线条角度的顺畅连接好像无缝对接了。

其次是光线的表现手法。光线从画面左侧打入,右侧人物与环境处于明亮之中。《最后的晚餐》位于圣玛利亚感恩教堂餐厅的墙面上。这所修道院被15世纪米兰公国的实际掌权者罗督维科(Ludovico)视为自己的宫廷教堂,每逢周二和周四,他都要来这里同修道士一起进餐。因为食堂尽头的墙壁正对着修道院的餐桌,所以大公希望能够在用餐时看到一幅表现《圣经》中最后的晚

修道院实景图

餐场面的壁画，以使所有人感念基督的苦难与恩泽。这个食堂的窗开在左侧，画也正与之对应。据说这样的光线与修道院日暮时分所出现的光影效果完全相同，从而暗示最后的晚餐表现的是耶稣的最后一刻。

1.2　《最后的晚餐》图像志分析

在达·芬奇的作品产生前后，"最后的晚餐"是宗教画家热衷的一个题材，但是达·芬奇的作品与同其时代相近的画家的作品有着很大的差别。

1.2.1　《最后的晚餐》的图式

与达·芬奇时代相近的画家在描绘人物时还缺乏表现内心的手法，在处理上多做简单的区分，即将犹大与众门徒分隔开。

意大利文艺复兴时期的画家安德烈·德·卡斯塔格诺（Andrea del Castagno，1421—1457）创作了大量宗教壁画。他的《最后的晚餐》的创作早于达·芬奇的作品半个世纪，现存于佛罗伦萨圣·阿波洛尼奥修道院。他的画作分成上下两个部分，上面是三个片断"基督复活""基督上十字架""埋葬基督"，下面布置成了一个阿尔贝蒂式的房间。壁上镶嵌大理石，画法细腻。

在卡斯塔格诺的画中，耶稣在宣布完消息后，门徒陷入了反思与推想之中，犹大被安排在餐桌另一边，侧对观看者，他的头顶正好是一块大理石的装饰板，上面呈雷电之状，仿佛在宣告什么。

卡斯塔格诺《最后的晚餐》

由于良好的透视性,修道院的房间仿佛是一个舞台,但是犹大坐在离观众最近的地方,不免让观看者以为他是画面的主角。

基兰达多(Domenico Ghirlandaio, 1449—1494)也是意大利文艺复兴时期佛罗伦萨画派画家,所处时代与卡斯塔格诺相近,他受马萨乔的写实主义风格的影响较大。他创作过多幅《最后的晚餐》,都是祭坛画,分布在巴迪亚教堂、圣马可教堂、诸圣教堂等地。

下图是在诸圣教堂中的作品。作品中,基兰达多也是将犹大一个人布置在桌的另一侧。他擅长用拱券分隔空间,顺便也指明了耶稣的位置。

基兰达多《最后的晚餐》

罗塞利(Cosimo Rosselli, 1439—1507)是 15世纪意大利画家,其一生主要活动在他的出生地佛罗伦萨。其作品布局是将犹大置于中景,而耶稣

罗塞利《最后的晚餐》

与其他门徒离观看者的位置更远。

其他一些作品，如文艺复兴时期西班牙画家胡安·德·华内斯是将犹大头上的光环去掉，以其他人都有光环而犹大独无来区分人物形象；有的画作是将犹大处理为背对观众的形象；有的是

胡安·德·华内斯《最后的晚餐》

将犹大处理为正在抓取食物或者被喂食的形象，总之有明显的区分。

而达·芬奇的处理方式明显与众不同。他简化了背景，将人物安排在一条横轴上，但又通过三人一组，将人物进行了有效的群组。每个人的表情各异，有的惊讶，有的失望，有的悲伤，有的愤怒，而只有犹大，畏惧地将身体往后缩，手里紧紧抓着出卖耶稣得来的银币。这样，达·芬奇将人物内心复杂的情感表现得淋漓尽致。这一手法是需要通过类型史的比较才能得出的。

达·芬奇在习作中，也先是做了与其他画家同样的处理：犹大在一边，另外十一个门徒在另一边。只不过，这些门徒的行为与表情较其他画家的

达·芬奇《最后的晚餐》习作（约 1492 年），现藏于
威尼斯学院美术馆

丰富得多,接近后来作品的样式。但是最后他却改变了这样的做法,因为把犹大单列一边,观众的视觉重心会不可避免地落在他的身上,这样就不能突出耶稣的形象了。

1.2.2　角度与呈现

按照罗马时代的风俗,当时使用的桌子形状应该是 U 形的,尊贵的主人坐在桌子的左侧,因此基督与其门徒的座次应该如下图所示。

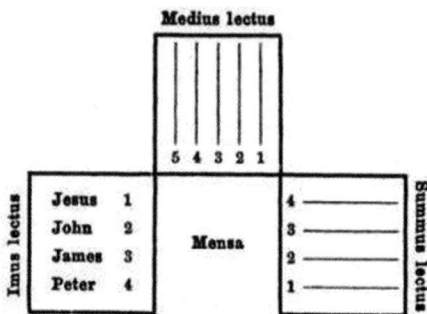

基督与其门徒的座次

略早时的迦地(Agnolo Gaddi,1350—1396)在创作时也进行了 U 形桌子布局,画面其实形成了 90 度的转角,这样就能保证基督的中心地位,犹大则一个人坐在餐桌的另一边。但是这一翻转也不能保证古风的踏实体现。因为按照古礼,U 形桌子布局不可能转成这个角度,此外旋转 90 度

后,纵深感特别强,这样的呈现显然对横向的构图形成了挑战。

迦地《最后的晚餐》

罗塞利的画在处理古风与画作展现要求中达成了一种妥协,以类似八字形的外展来形成人物的布局。即便这样,犹大的形象处理仍然不是那么合理。不足之处是绘画重点的偏移,观众很可能把犹大当成主角。(图见第28页)

因此,将基督置于画面中心的构图方式是稳妥的,但是很多画作都受到了祭坛画表现的影响,在观看方面还是有些问题。

祭坛画的中心人物呈正面,而两侧人物则适当侧面。这一形式在拉斐尔的学生詹弗朗切斯科·彭尼（Gianfrancesco Penni，1488/1496—1528）的画作中也得到了展现。彭尼的画受到达·芬奇的《最后的晚餐》的影响很大，但在处理图式时还是保留了类似 U 形桌的布局，左右两侧的人已露在外部，除了基督，其他的人物都有一定程度的侧转。

詹弗朗切斯科·彭尼《最后的晚餐》

1.3 《最后的晚餐》图像学分析

在用图像学分析达·芬奇的《最后的晚餐》方面，宾夕法尼亚大学的本杰明·富兰克林讲席教授、著名文艺复兴艺术史专家列奥·施坦伯格做了精细的研究，其在《莱奥纳多永远的最后晚餐》中，仅对耶稣伸出的手就做出了七种说明。而其

他一些研究者也为《最后的晚餐》的象征意义争论不休，下面是在施坦伯格基础上的一些讨论。

1.3.1　基督手姿态的含义

达·芬奇《最后的晚餐》的核心正是端坐中心（也是画作中心）的耶稣。他说完话之后，摊开了双手，并垂下了眼帘，眼神淡然。画中耶稣两肩下垂，双手摊开置于桌案，头向一侧略偏，低垂。在施坦伯格看来，达·芬奇是故意用这样的描画来制造一种即将离别的悲情，并暗示接踵而来的"耶稣受难记"。在形态学中，高耸有棱角的肩膀无疑象征着反抗及强硬的人物性格，而与之相反的耷拉向下的肩膀向来暗示不抵抗、顺从的人物特性。据基督教教义，耶稣牺牲肉身于十字架，乃上帝早就定下的安排，意在赎人类的罪。对于这样的命运安排，耶稣必然要接受，必须顺从。

那么，画中的耶稣果真只是表达了悲伤吗？我们来看卡斯塔格诺《最后的晚餐》中的耶稣的手势，食指和中指微微弯曲（代表圣父、圣子和圣灵），无名指和小指卷缩（代表耶稣的两个属性：神性与人性）。他绞在一起的食指与中指指向犹大，这是原谅的姿势。这幅画说明耶稣已暗指出了罪人是谁，但又在告诉他：我已经原谅你了。因此，宽容与救赎是这一悲剧场景中的基调。耶稣低下的头，表达着无尽的悲悯。

卡斯塔格诺《最后的晚餐》局部

在《圣经》的记载中，耶稣上十字架前接受审判，已经悔恨的犹大俯伏在耶稣脚前，承认他是上帝的儿子，并恳求他拯救自己。耶稣没有谴责这个出卖他的人，他只是哀怜地望着犹大说："我为此事来到世间。"正因为他对自己的命运有着如此清晰的了解，所以在最后的晚餐时，悲伤不是基调。

1.3.2　耶稣双手在进行双套动作

达·芬奇的《最后的晚餐》中，耶稣双手的动作有着两种含义。

第一套动作，耶稣两手各指向基督教两大圣

物:右手指向红酒,左手指向面包。

红酒向来是耶稣受难的象征,右手边坐着约翰、犹大和彼得,三人皆是耶稣受难的见证者。面包象征耶稣的肉身,左手边紧挨坐着圣徒多马。《圣经》记载多马是圣徒中唯一拒绝相信耶稣死而复生的人,直至耶稣死后降临在他面前,他用一根手指伸进耶稣受难后留下的伤口才相信耶稣真的复活了。

卡拉瓦乔《疑惑的多马》,多马将手指伸入基督的伤口

通过画作或表达或暗示宗教思想和教义的做法在西方宗教画中曾十分普遍,毕竟中世纪直至文艺复兴时期欧洲识字率普遍较低,对于众多不识一字的普通民众来说,宗教画起着沟通宣扬宗教教义的重要作用。

第二套动作,耶稣的左手与犹大的手势相同,一齐指向一个餐盘。这暗示着犹大就是出卖耶稣的罪人。根据《圣经·马太福音》的记载,耶稣在最后的晚餐上说:"同我蘸手在一个盘子里的人,就是那出卖我的人。"

达·芬奇的画作中耶稣的手"同时做两件事",施坦伯格认为这是达·芬奇创作《最后的晚餐》时贯穿始终的心机和深意,指其同时赋予了一个主体多重含义,它们同时成立,又相互独立。

1.3.3 衣衫的重合

达·芬奇的《最后的晚餐》中,基督与约翰的形象有一种奇怪的对称关系,一个头左倾,另一个右倾。而两人的衣服也相近,红蓝相配,这说明了两人的亲近关系。根据术语学家鲁道夫·斯坦纳(Rudolf Steiner)的研究,鲜红代指"生命的光辉",湛蓝代表"灵魂的光辉"。与此同时,这两种颜色中,红色比较富有动态,蓝色偏沉静,这和耶稣两只手的姿势也相配。这种解读还认为,耶稣的两只手一只处在当下,另一只是刚从十字架上卸下来的,很好地与"生命的光辉"和"灵魂的光辉"匹配。实际上,画作中红色与蓝色的衣服是不断地出现的,画面也显示出一种色彩的对称关系。

1.3.4 三位一体的暗喻

基督教的核心教义"三位一体"意为圣父、圣

子和圣灵源自同一个本体、同一个神，或者说他们是同一神的三个化身。在基督教的图像表达中，通常以一个等边三角形的符号来表达"三位"同源但不同体的特点。

在《最后的晚餐》这幅画中，施坦伯格将耶稣披散下的头发连接肩膀向下经双臂至双手形成两条线，以其摆在桌面的双手为两个端点连成一条线，这三条线恰好形成了一个几乎等边的三角形，他认为这是达·芬奇有意的安排，暗示三位一体。

因此，施坦伯格认为：耶稣的形象第一重含义展示了他离别前的悲怆，此为一种人类的情绪，是人性的一面；第二重含义暗指三位一体这一严肃的神学理念，是神性的一面。人性和神性，二者本相互对立，但确实又共存于耶稣这一人物中。

1.3.5 最后的审判

耶稣两手暗示最后的审判。

《最后的晚餐》中，耶稣右手手心朝下呈下压状，左手手心向上呈托举状。施坦伯格指出，耶稣手心朝下象征对不信者的裁判，手心朝上代表对信者的褒奖。这一手势曾无数次出现在众多描绘最后的审判的宗教画中。除了以传统为依据，施坦伯格还指出,达·芬奇在画中暗埋线索来支持耶稣手势和最后的审判间的联系。

首先,耶稣象征地狱惩罚的右手边门徒十分拥挤,只从画中左侧墙壁边缘到墙角的距离间就有五个门徒;而耶稣象征天堂永生的左手边门徒排列明显宽敞许多,相对应的距离间只有西门、达太和马太三人。

根据《马太福音》第7章:"你们要进窄门。因为引到灭亡,那门是宽的,路是大的,进去的人也多;引到永生,那门是窄的,路是小的,找着的人也少。"

其次,画中耶稣右手边空间光线明显昏暗,而左手边空间相对更加明亮。达·芬奇通过耶稣两边门徒的疏密差异和空间的明暗程度对应暗合圣经中天堂与地狱的描述和差异,以此展示画中哪边象征天堂哪边象征地狱。

1.4 总 结

对于《最后的晚餐》的阐释,并非只是列奥·施坦伯格一个人的专利,众多专家都希望在这幅作品中找到更多的信息。比如有的专家从约翰与耶稣间的空间中读出了圣杯的信息,有的专家从三角形中读出了教会的信息,等等。施坦伯格的解读非常多元化,也有人质疑这些解读是不是阐

释过度,而他回答:"对于那些质问'达·芬奇在《最后的晚餐》中暗埋如此多的信息是否可能'的人,这样的问题根本不成立,因为对于达·芬奇创作此画的动机没有记录也无人知晓。"既然没有答案,那么只要有理有据,他的推论就是正确的。

　　这既透露出图像学博学的一面,也反映出图像学阐释边界趋于模糊的特点。不管如何,它让观众从形式通向了意义,呈现了文化的面目。

2　吉祥纹样:观念与符号的共建

谈到符号学,我们首先要谈到几个名字:语言学家索绪尔、哲学家皮尔斯与符号学家罗兰·巴特。

语言学家费迪南·德·索绪尔(1857—1913)的《普通语言学教程》建构起了现代语言学的大厦,关于视觉上的理解他提出了几个观点。

索绪尔认为,任何语言符号都是由"能指"和"所指"构成的,"能指"指语言的声音形象,"所指"指语言所反映的事物的概念。比如英语的"tree"这个单词,它的发音就是它的"能指",而"树"的概念就是"所指"。"能指"和"所指"是不可分割的,就像一个硬币的两面。他又进一步提出"能指"投向"所指"的关系不是理据性的,而是武断的、任意的。比如树,中文是"shu",英文是"tree",发音与书写的外形是由一定的社会契约规定的,而非天然的,是人为地约定的。他还区分了词汇中的一

种具有理据性的现象，比如象声词与感叹词等，这是具有"语音理据性的"，而像书桌，是由书与桌组合而成，是具有"组合理据性的"。"所指"与"能指"的概念既是索绪尔语言学的基石，也是其学说用于视觉分析的原因。

索绪尔的符号学一向被认为与结构主义重合较多。索绪尔从先验的结构出发，强调任何符号都是它所处系统中的组成成分，因而人们在确定其意义时不能把它与系统中的其他成分割裂开来。这样一种过分牵强的关系论述使得对象的面目更不清晰，符号学陷入了对符号的深深自恋之中，反而忽视了对社会的影响与观照，这也是后来的符号学运用中符号学家要规避的地方。

查尔斯·桑德斯·皮尔斯（1839—1914）是哲学家，但是他对符号学的贡献也颇大。皮尔斯符号学理论的基础是其提出的三个"普遍范畴"：一级存在（Firstness）、二级存在（Secondness）和三级存在（Thirdness）。

所谓一级存在，指的是自我独立地存在的概念，皮尔斯又称之为"感觉状态"（Qualities of Impression）。例如颜色，不论它是否被人知觉，都是存在的，但它没有时间或地点的规定。二级存在是个别的时间和空间上的经验，它牵涉主体与被感知事物的关系。三级存在属于"中介""习惯""记忆""再现""交流"等抽象的范畴。它使一级的概念与二级具体的时空经验获得新的形态。

一级存在、二级存在和三级存在之间存在一种由低级到高级、由简单到复杂的递进关系。符号属于三级存在,因而同时包含着其他两种存在。皮尔斯将上述三个范畴应用于对符号现象的具体分析,进而得出著名的三分法。他首先根据符号的自身特征将符号分为三类。第一类是"性质符号"(Qualisigns),即事物的状态或形式;第二类是"个例符号"(Sinsigns),即实际出现的符号,它们是状态符号的具体表现;第三类是"法则符号"(Legisigns),即符号的抽象范式或法规,所有约定俗成的符号都属于这一范畴,个别的符号现象无关紧要,重要的是它们的一般类型。按照这样的分类,语言中每一个词都是规则符号,但在具体的话语中,它们又同时是个例符号。

索绪尔和皮尔斯的理论对视觉分析有许多启迪作用。

索绪尔的所指与能指的概念让我们在形式与内容之间建立了关系。在视觉中,能指是指那些表现出来的形式,比如素描、水彩、电脑技术等绘制的客体存在,而所指则是指存在赋予的思想或

者概念。他又提供了两种基本的连接方式：共时性的连接，即"意串"；历时性的连接，即"系列"。后来的雅各布森将"意串"的意思提炼描述为"换喻"，将"系列"的意思提炼描述为"隐喻"。在下面的吉祥纹样分析中，我们将受益于这样的思考方式，比如"换喻"意味着相同意思的平行的结构：松、寿翁的组合与鹤、寿翁的组合获得的意义是相同的；而在纵向的系列中，"吉"的视觉符号由"戟"转向由"鸡"替代的机会大大增加。

皮尔斯对视觉认知方面的贡献，是把符号分成了图像符号、指示符号与象征符号三类。所谓图像符号，是指符号与客体之间是一种相似的关系。图像符号看上去要像或类似于符号所指的客体。所谓指示符号，是指符号和客体之间是一种表示存在或偶然的关系。比如在艺术中，不同的笔触是不同的艺术家呈现的指示符号：它们是由特定艺术家的作品产生的。而所谓象征符号，是指符号和客体是按照惯例或规律相联系或产生关联的。在这里，一个符号的使用要受到使用者所在的社会群体的共同认定，即在一个文化空间内，这一符号与一个特定的客体对象是有关系的，但是在其他群体中，这种关系可能并不存在。比如古时生儿子的家庭在门口悬"璋"，"悬璋"与生儿子这一组关系只有在中国古代社会才能形成共意。这属于文化的约定,在这里既没有图像符号那样的相似性,也没有指示符号那样的偶然的、经验的联系。

实际上,我们在进行吉祥纹样分析时受到皮尔斯的影响较大。比如在描述长寿时,长寿是一个状态的概念,但是抽象的范式要么是通过象征来达到,如松、鹤,要么是通过同音的方式得到,如猫蝶(耄耋),要么是通过相似性获得,如寿翁。而这一图式在具体的视觉体验中有各种形式:既有木雕、刺绣、剪纸、瓷绘等不同材质的作品,也有不同的造型及色彩方式。我们在进行解读时,必须通过中介的概念将具体的形式与概念进行连接。

在符号学的发展过程中,还必须提到罗兰·巴特(1915—1980)的名字。前面提到的索绪尔和皮尔斯,一位是语言学家,一位是哲学家,而罗兰·巴特则是作为符号学家闻名于世。这不只是因为罗兰·巴特在符号学的建构上有着集大成的成就,也因为罗兰·巴特将这样的理论综合运用到了各种文本之中。在具体分析时,罗兰·巴特的符号学分析有助于更好地理解吉祥纹样的社会价值。

罗兰·巴特沿着索绪尔与叶尔姆列夫的符号

学研究路径，对符号学学说进行了分析，把符号分成了 Mark、Sign、Symbol、Picture 等。在两种关系物之间联系的方式是很复杂的，能指构成了表达方面，而所指表达了内容方面。能指分成形式与实体，所指也有形式与实体。能指的实体是指具体的表现方式，而能指的形式则是表现方式得以实现的规则；所指的实体是指表达的情感、概念或者思想意识，而所指的形式则是情感、概念或者思想意识的组织方式。罗兰·巴特将能指与所指结合起来的过程称为"意指"，并将其分成两个层次：第一层是直接意指层，第二层是含蓄意指层。通过含蓄意指的所指，文学、文化、社会、历史和意识形态等因素进入了符号学研究领域，这便将索绪尔所进行的封闭、静态的语言符号学研究发展成为历时的、开放的、动态的符号学研究。

2.1 吉祥观念与转译

2.1.1 吉祥观念

《说文解字》说："吉，善也。""祥，福也，一云善。"也就是说，"吉"与"祥"是同义词，都是好的意思。《庄子·人间世》："瞻彼阕者，虚室生白，吉祥止止。"意思是说，达到澄明的境界，内心如太阳般光亮,美好即能留存不去,这是非常美好的预兆。吉的反义词是凶,对凶的摒弃也就是对吉的追求。

中华民族是积极向上的民族,千百年来虽然饱受各种摧残与折磨,但从不向命运屈服,始终以乐观的态度面对生活。这样的动机,也使得民间的美术主题非常功利,而这种功利性又被组合在吉祥的抽象概念中进行阐释:

第一,吉祥的一面是求福的本能与期望;

第二,吉祥的另一面是对灾难的施咒与摒弃。

因此,向福与避邪就成为吉祥概念的两个方面,并得到扩大与延伸。吉祥可以说是民间装饰美术的第一级主题,"向福"与"避邪"就成了第二级主题。

向福内涵众多,民间祝福最常见的用语"福禄寿"就笼于"福"之下。《庄子外篇·天地篇》这样记载:"尧观乎华,华封人曰:'嘻,圣人! 请祝圣人,使圣人寿。'尧曰:'辞!''使圣人富。'尧曰:'辞!''使圣人多男子。'尧曰:'辞!'封人曰:'寿、富、多男子,人之所欲也……'"这则故事的意思就是说,民间认为人多福就是"寿""富""多子"。"福禄寿"也好,"多子多福多寿"也好,就狭义的意思来说,福是幸福,是一个核心的概念,而从广义的概念来说,"福"的意义颇为广泛。

福首先蕴含着夫妇和谐的美好意愿。夫妇是家族的最小单位,夫妻是一个有相当容量的词语,包括了从两情相悦到婚姻和谐到夫妻交合,再到生育哺养等过程,这一系列都在夫妇和谐的二级主题之下。在此二级主题之下,可以继续分出若干子题:歌颂情爱的,是对爱情的鼓励;歌颂阴阳交媾的,这是人生的基本法则,是"男女构精、万物化生"的天道具现。

福的第二重意义是祈子继嗣、子孙延绵。中国传统是慎终追远的,曾子曰:"慎终追远,民德归厚矣。"就是说中华民族注意到个体的人都是历史长链中的一个环节,因此个体的意义在于继往而开来。个体的人既要对祖先有足够的敬意,也要注意繁衍子孙,留存血脉。同时,祈求子孙延绵也是为了满足发展家族势力的现实要求。

福的第三重意义是延年益寿。由于古代生产力低下,老百姓的寿命是很短的。孟子在向梁惠王描绘施行仁政时说,"五十岁可以衣帛矣","七十岁可以食肉矣"。就是说在实行了仁政的情况下百姓的经济情况会得到改善,年纪大的可以穿得好,饮食的水平也能够提高。为什么要讲人到七十,因为"人到七十古来稀",所以孟子的意思是即使施行了仁政,在短时间内的改善也是非常有限的,但这毕竟是好的开端。对老年人的尊重与爱戴,也是社会经发展到一定水平后的结果。早期人类生活资源很少,人老了丧失了劳动力便会有"填沟壑"的命运,也就是被送入深山中自然饿死以减少资源浪费。所以延年益寿不只是个体追求生命长度的希望,也是对社会经济发展的美好愿望。在魏晋之后,由于道教思想的传播,寿与仙的观念产生了交叠。

福的第四重意义是纳财求禄。在人类社会继续发展之后,个体单位的和谐被更大的社会形象要求覆盖。这一主题之下,还有三级主题:

第一,发财的渴望。在社会角色这一层面,对资本的大量占用成为个人社会地位的标志。这样,对于财富的要求与渴望就远远超过了满足个体需要的范围,而表现出一种强烈的财富欲望。中国历史上数量众多的文武财神形象正是应和了民间发财的需要而产生的。

第二,升官的渴望。相对于生财,升官是较为后起的观念。人们对于社会地位的追求,除了不断地扩大自己的资本实力外,还表现在对官禄的向往上。"食禄"意味着被纳入社会主流之中,得到社会的承认,对于禄的向往也延伸到对于门第地位的歌颂。"万般皆下品,唯有读书高",在

科举制度成为中国官吏的选拔制度之后，读书作为得禄的方式与途径也受到了民间的追捧。在民间的美术观念中，文房四宝的视觉图像并不只是文人的自我标榜，也是民间共同塑造的吉祥图像。

与"向福"平行的，是"避邪"的本能。这是民间对于福的向往的正反合过程，即通过对恶的施压来增加对福的追求。

"避邪"的实施方式也有以下几种：

首先是塑造镇恶的形象。各种民间神祇、纸马形象的产生都出于这个目的。人们借用神话与传说中有神力的动植物来达到镇邪的目的，如八仙的图像称为"明八仙"，就是使用有法力的正面形象来镇恶，八仙彩的法器合称为"暗八仙"，就是以有法力的器物来镇恶。

其次是以恶镇恶，以毒攻毒。对此，钟馗的形象比较有说服力。钟馗是鬼，但他是大鬼，这便是以恶镇恶的方式；另外像画"五毒"来攻毒也是一个很好的例子。

除了这两项，古人还对自身提出了修养的要求。"养"的原字呈以手执鞭放羊之状，是对于物质之外精神的自我要求，比如渔樵耕读、琴棋书画、岁寒三友、四君子等。渔樵耕读体现出古代生活的四种场景,也表现出古人自安于各种生活境遇,向往田园牧歌式的生活的理想。琴棋书画往往是古代文人擅长的风雅之事,也是衡量一个人文艺修养的标准,这是中国文化特有的一种标志。岁寒三友是文人的自况,表现自己的精神如松、竹、梅一样高尚。

2.1.2 吉祥观念的转译

"吉祥"是一个稳定的概念,从能指与所指的分析模式来看,吉祥纹样实际上就是对观念的形式化与符号化。必须在客体化的观念与主体化的对象之间找到转译的媒介。或者说,用皮尔斯的符号理论,观念可以作为第一类符号,那么二级主题所生成的各种符号就是第三类符号,也就是说,这类概念是中介,观念通过这类符号的转译才能体现为第二类符号,即各种可体验的视觉形式。

那么,作为中介的第三类符号存在着什么样的转译方式?在罗兰·巴特看来,隐喻式的修辞方式可被认为是认识吉祥的通道。隐喻式的认知与原始人类泛灵性的观念相关。在泛灵论的观念之中,宇宙中的万物与人的结构具有相似性,因此人可以以己度物来解释外在的事物。在原始人的

生存状态中，集体性的情感笼罩了个体，使得每个生存者都能感到共约化的感知，这种感知的内容就成为某种"原型"的东西。而把这些内容进行系统化的梳理并将其引向秩序化的表达，就形成了对某些图形之中相关性的认知，形成了图像修辞的基本观念。

吉祥的纹样中，用来作为符号的对象非常广泛：有动物，如狮子、鸡、猴；有植物，如莲、牡丹、石榴；有器物，如钟、梯、螺号；有数字，如六、八、七；有文字，如寿字、福字；等等。这些对象的使用，有的有确定性，如大象、牡丹。由符号到意义的认知需要由隐喻的修辞方式完成，在传统的表述中，我们是通过汉语中的文学修辞来认知的，如寓意法、附会法、象征法、谐音法等。

寓意法：以比喻方式来联想。比如石榴，以石榴的结子多来比喻多子多孙；比如葫芦，以其圆腔的形状来比喻女性；等等。

附会法：以形似关系来比方。比如以米来代表玉粒。

象征法：以一种转变的方式来联系两个事物。前后两者并没有必然的联系，但是经过启发之后能够生成暗示而被人们理解。比如以松树来象征长寿，以牡丹来象征富贵，等等。

谐音法：通过读音的相似来比附。比如蝙蝠，以音来比附"福"；鱼与"余"同音，做"余"解，比如"年年有余"；以瓶与钟并置来代表"平平安安"；等等。

除此之外，还有表号法。表号法是特殊形象的简略化表示方式，比如"万"字、"方胜纹"、"八仙"、"八吉祥"等。

从符号学角度来说，符号有理据符号与非理据符号之分。寓意法、附会法、象征法、谐音法等联系的符号与所指的对象具有一定的相关性。这种关系，可以是形体上的相似性，比如葫芦与子宫的相近性；可以是声音上的相近性，比如鱼与"余"的关系；可以是思维的相近性，比如年糕的"糕"与"高"相近，而高可以理解为社会地位；等等。因此在具体的转译过程中，并不是所有的对象都遵循同一个转译之法，比如"五谷丰登"，就是使用了谷子、稻穗等标志物，中间是一盏灯笼与几只蜜蜂，谐音为"登"与"丰"，合起来就是"五谷丰登"。因此，这类符号是理据符号。而表号法则是规约性的非理据符号，通过人为约定而形成的武断性的联系。

在不同的场合，理据符号使用的方式也有所不同。比如"鸡"，在使用谐音法时，便是作为"吉"

使用;而在采其寓意时,则使用了镇邪的一面。"桃",用于和爱情相关的场合,表示"桃之夭夭,灼灼其华"之意,用来形容女性的容颜;而桃用于避邪时,则是一种镇邪之物,《淮南子》言:"鬼畏桃。"《山海经》记有鬼谷,谷之外者有桃树,树上有金鸡,因此"桃杖""桃林""桃符"均有镇邪之意。又如"莲",与"连"谐音,因此有"连中三元"等寓意;又以其形来表示文人的心性,如"芝荷莲藕"。

芝荷莲藕

从分析的层面来说,符号学分析将解释权力交给了信息接收方。因此,接收方在对符号进行解读时,会进行以下三个层面的解读:首先是对图像的初步认知,认知对象;第二是从图像的符号意义出发,推导能指的内容;第三是进行再次解释,进入象征意义层的分析。在这个意义上,象征不是初阶的修辞,而是二度的意义抽象。

以下面这幅《马驮元宝》来说:

③祈子求财

↑

②马驮元宝(所指的内容)

↑

①剪纸的线条与虚实表现(能指的形式),马、元宝(能指的内容)

黄陵地区窗花作品《马驮元宝》

从①开始一直解读至③,即从形式的解读上升为象征意义的解读。这是基本的符号解读方式。下面我们从具体的对象开始详细说明。

2.2　吉祥纹样符号解读

2.2.1　形　象

形象在这里被确定为具体的描绘与生产的对象。在作为形象时,它没有被赋予符号的意义,它只是实体的再现形式。

按照主题归纳,表现向福的图像有:吉庆、祥瑞、祥集、洪福、五福、喜、双喜、和合、如意等。这些宽泛抽象的吉语加以点示或搭配,体现了诸种功利倾向。

表现两性幸福的图像,有龙凤呈祥、龙凤双喜、鸳鸯戏水、鱼戏莲等。追求家庭吉祥的有喜上梅梢、富贵三多、十全富贵、花开富贵、万寿富贵、连年吉庆、福禄瑞祥、五瑞呈祥等。追求长寿的有松鹤延年、万寿无疆、福寿东海、三星高照等。

表现求财祈禄的图像有:连年有余、有余有庆、五谷丰登、早春丰登、丰登大吉、丰年献瑞、财福临门、金玉满堂、四季连元、刘海戏金蟾、骆驼进宝、招财进宝、宝聚财丰、黄金万两、一本万利、福如东海、春牛迎春、花开富贵、富贵连年、天官赐福、招财童子、增福财神、五路财神、文武财神、定福灶君、一团和气、万宝来临、开市大吉、摇钱树、蛇盘兔等。表现祈禄的主题,有五子登科、一品当朝、一路荣华、连中三元、鱼跳龙门、指日高升、加官进禄、挂印封侯、马上封侯、爵禄封侯、蟾宫折桂、独占鳌头、功名富贵、鹏程万里、狮童进门、喜报三元、牡丹富贵等。

表现镇邪的图像有：镇邪狮虎、艾虎克毒、狮子滚绣球、神荼郁垒、秦琼敬德、钟馗捉鬼、竹报平安、鸡食五毒、威镇山林、张仙射狗、扫晴娘、大吉大利、四季平安、剪除五毒、葫芦收毒、太平有象、平字吉祥、岁岁平安、富贵平安、富贵清平、一路平安、风调雨顺、石敢当、送病娃娃、武松娃娃、五色缕、遇难呈祥、城隍之神、土地正神、蚕花娘娘、田公地母、天皇大地、三皇六帝、蚕猫、五毒神、白虎神君、雌雄二煞、天师灵符、消灾解神星君、五雷符、扫除秽气符、太平符、祛病符、送年纸马。

读者应该注意到，笔者在把图像进行归纳的时候，已经进行了符号的解读。

2.2.2　符　号

符号可以划分为显性符号与隐性符号两种。显性符号存在于形象实体之中，而隐性符号存在于形象实体的关系之中。

显性符号主要是像似性符号，而吉祥纹样是以像似为主导的文化符号。皮尔斯将像似性作为

符号解读的关键，在此基础上，他划分出三种像似性，即形像的像似性、图表的像似性与比喻的像似性。因此，像似性符号也可以分为三类：图像像似性符号、图表像似性符号及比喻像似性符号。

2.2.2.1　像似性符号

图像像似性符号

图像像似性符号是形式上与描摹对象具有像似性的符号，实际上又可以分成两种，一种是实指性的图像，一种是涵指性的图像。实指性的图像是在即时的运用时刻画的对象形象，用于实用的目标。比如各类纸马，即以简单的形象再现对象的轮廓，用于实际的祭祀。涵指性的图像虽然也是进行对象的刻画，但主要表达的不是对象本身，而是某种观念，比如寿星、和合二仙、仙官、财神等。

图表像似性符号

吉祥纹样的像似性符号首先体现在符号单位、符号及其空间展现的关系中。其次是图像中图案分布形成的中心、边缘、上、下、左、右、实、虚、包围、被包围等表现出的秩序感。图像越大，其重要性越强；图像越居中，其重要性越强；图像的包围性越大，其重要程度就越高，如下面所示的《石榴花篮》中的喜花。

陇南作品《石榴花篮》

花篮是扣碗的变体。在传统观念中，扣碗是阴阳交合的意思，因此花篮表示的是生命繁衍。花篮的造型是一个石榴形，突出了生殖的观念。其他图像在石榴之内，石榴形体最大，且处于最中间的位置，说明这一作品的主题是生殖。在石榴之内，上方是指示男性生殖器的盖头部分，而下面是象征女性的蛙与莲的图像，上下位置说明了男女交合的位置，也说明了天在上、地在下的关系，且两者处于中轴线上，与石榴的大图像内容一致。两边的装饰纹路中左右有钱、佛手，表达儿女双全、幸福美满之意。这些符号处于两边，属于边缘的位置，是对石榴这一生殖主题的扩大。从石榴的外形来说，整个图像呈现的是圆融的弧线，表现的是吉祥圆满的意思。

比喻像似性符号

比喻像似性符号是将一个实像与一个观念挂

钩的表现方式。如果说图表像似性符号还是基于形式表层的分析，那么比喻像似性符号是需要先读清对象的直观物象，然后在直观的物象与抽象概念间进行概念的映射。上述吉祥概念的转译即符号的意指过程。

比如我们在解读民间的抓髻娃娃时，首先从格式塔心理美学出发，很容易辨识出这是一个人的形体。抓髻娃娃的造型像蛙，人形屈腿而立，由会阴处的指示像似明显地表现出这是祈祷生育的图像。下阴处的小脚表明孩子已经顺利生出。

细读之下，其身体从头到躯干到下肢，由头部一对鸟、眼中一对鸟、手臂与腿部三对鸡的形象累加而成，鸡与鸟都暗喻男性的生殖器，比喻之意明显。《山海经》中记载"金乌负日"，《淮南子》中记载"日中有踆乌"，《论衡》中记载"日中有三足乌"。从这些文献记载中可见，鸟与乌是太阳的指代，太阳是阳性的表征，而抓髻娃娃整个形体是蛙，因此这幅《抓髻娃娃》表达的是生殖的主题，意在求子。胸部的手状与下肢处的腿状也有明显的生子的指示意义；同时会阴的云纹三角纹、身体的三角纹与裸体的女性生殖符号菱形组成了一对指示关系，说明了阴阳的媾和。因此，图像衍生出男女媾和、求子两个主题，而且通过两组符号的交织，使之并列起来。

民间的抓髻娃娃使用之法,是将其挂于孕妇房中,让孕妇天天观看,这样能够进行心理暗示并祈求神佑,使胎位端正。因此抓髻娃娃不是对娃娃这一对象的简单像似的刻画,而是将多种符号表示之法加以集中,来体现综合的文化意义的艺术作品。

冯荣花作品《抓髻娃娃》

而在其他一些抓髻娃娃的图像中,则反复出现了鸟与兔、鸡与蛙、贯线纹(女性纹)与双鸡纹(男性纹)的形象,重点表达了男女媾和、阴阳相交的主题。其图像既具有图像像似、指示相似及比喻像似等多种符号表达方式,也具有巫术的功效,具有祈子的功能。

2.2.2.2　指示符号

指示符号与其所指的对象具有理据性，但是并没有相似性。皮尔斯认为，指示符号与指示对象间只有存在物理上的关系，才能成为有机的一对。这个"物理上的关系"，可以表现为时间上的接续关系或空间上的邻接关系，也可以表示为标记与对象的对应关系。

空间的邻接性

"暗八仙"是八位神仙所持的法器，由于是以法器暗指仙人，所以称为暗八仙。这八种法器分别是葫芦、团扇、渔鼓、宝剑、莲花、花篮、横笛和阴阳板。它们具有与八仙同样的吉祥寓意，代表了中国道家追求的精神境界。"蟠桃献寿"指长寿，但对这其中的理解是要费一番周折的。传说西王母有一座蟠桃园，人吃了里面的蟠桃会长生不老，所以"蟠桃献寿"指代了长寿。《西游记》中有孙猴子吃蟠桃的描写，所以"猴吃桃"也指代了祝人长寿的意思。

标记与指涉对象

一般认为，三角形、锯齿形等外观尖锐的刻画符号是阳性符号，而圆形、半圆形、水纹形等外观圆润的刻画符号是阴性符号。女性符号有叶纹、菱纹、V纹、两竖纹等,男性符号为云头纹、寿纹、桃纹、三花瓣纹、圭形纹等。阴阳调和是中国传统观念中重要的吉祥征兆,因此在吉祥纹样中,首先是刻画符号的对立与统一。

仍以前面的抓髻娃娃为例。在娃娃头部,眉毛的锯齿形与眼眶的半圆形形成一对对应符号,眉尖的圆形与嘴唇的山形构成一对对应符号;在躯干中,鸡身的锯齿形与花朵的圆形,指向阴部的三角形与阴部实际的水纹形成一对对应的符号,阴部的云纹是双蛇相交的抽象形;在下肢中,鸡爪的锯齿形与鸡身纹样上的眉月形构成一对对应的刻画符号。符号不仅形状有对比与呼应,而且虚实也有对比与呼应。

因此,吉祥符号往往由像似性符号、指示性符号结合而成。而且在符号的结合中,能够从第二层的意指中找出动态的更为复杂的意思,比如下面的这幅《顶棚花》作品,中间是盛开的牡丹,第二层是莲花、金鱼及抓髻娃娃的变体,第三层是孔雀与牡丹的图像。《顶棚花》以严格的对称圆形来表现,孔雀与鱼是男性的表征,牡丹与莲是女性的表征,抓髻娃娃是生育的表征。图像的意思是复调的,既有男女相爱的意思,也有求子生育的意思。在第二层的意思上,通过双鱼对一枝莲、双孔雀对一朵牡丹的刻画,表现出男追女的动态图像,而双娃相对的图像又体现出从男欢女爱到男女结合的动态解读的过程。

杨梅英作品《顶棚花》

2.2.2.3 规约符号

规约符号不是一种理据性符号,而是指意与对象间任意与武断的符号相连。规约符号是文化性的符号,比如颜色的采用即是文化的规约:在中国,红色使用在喜庆事件之中,而白色使用在丧葬事件之中。

色彩的约定性

吉祥纹样的观看对象是普通大众,因此,图式在表现形式上要符合百姓的观看习惯,就像绣花色彩多用纯色,鲜艳饱满,如小孩子穿的虎头鞋。

虎头鞋

剪纸要考虑到连续，形成实与虚的对照，而且在具体的符号上也要体现出阴与阳的对比。圆形、曲线是阴，而三角形、折线等为阳，在图像中，要注意阴与阳的符号对比。下页的转花作品《蛙》中，表现女性的贯钱纹与表现男性的云头纹构成了一个菱形，周边有八个娃娃。娃娃中阴性的圆纹与阳性的三角纹相对形成虚实对照的效果，整个纹样呈现对称格局。

表现的程式化

规约符号通常以一个词为中心意思，加上其他的图案，构成同义的多样化图像。比如"寿"，通常以仙鹤、青松、寿桃、寿山石、"寿"本字、绶带鸟等作为长寿的表号，在此基础上进行叠加，形成相

转花作品《蛙》

关的一系列图像：仙鹤与青松并置，意为"松鹤遐龄"；八只仙鹤相配，并加以青松，取名"八仙庆寿"；仙鹤与鹿并置，表示"鹿鹤同春"；寿山石上站一绶带鸟，意为"寿上加寿"；以"万""寿"两字并置，表示"万寿无疆"；以五只蝙蝠与"寿"字相接，表示"五福捧寿"；"寿"字之内织入各色牡丹，意为"百花庆寿"；"寿"字之内织入八仙形象，意为"八仙祝寿"；百个寿字并置，意为"百寿"；寿山石与海纹并置，意为"寿山福海"。

　　同一个意思可以有不同的修辞方式来表达。比如古代的文人要经过乡试、会试、殿试得到功名，三试的第一名分别为解元、会元与状元，合称为"三元"。"三元"可以用不同的事物表征,三个桂圆、三个元宝或者三个荔枝都可以。又如表示长寿,有麻姑献寿这样的图像,也有像耄耋之年的表示方法。

2.3 总 结

罗兰·巴特对索绪尔与雅各布森的系列与意串做了重新思考,认为符号学中存在着双轴的关系,系列是聚合的关系,而意串则是组合的关系。比如,一个人头戴一顶帽子,身穿衬衫,下着裤子。帽子、衬衫、裤子是组合的关系,而帽子的款式则是聚合的关系。聚合轴完成后隐入幕后,组合轴产生意义。这是对"意串"与"系列"概念的延伸。

吉祥纹样的创作过程同样遵循着先聚合后组合的规律。吉祥纹样创作时,先要考虑使用的场合、环境、材质,通过这些条件来进行图像元素的筛选。在创作过程中组合关系产生,比如鱼戏莲的图像,文本的意思在组合轴各个成分的对比之间产生。离开文本,单个的符号会失去意义,而文本的意义,也存在于社会文化的框架之中。

3　雅集：图像后的物质、精神与社会文化

图像向文本与历史开放。

在实际的运用中，图像要么作为文本的互补材料，实现"以图说文"的目的，要么与历史的某个环节加以联系，印证历史中的某个事实。但在艺术史上，曾经有艺术史家决心以图像为主要的文献材料来建构历史。这就赋予"图像证史"以重要的意义：图像从辅助的地位中解放了出来，走向了陈述历史的前台，人们可以由图像出发，串联起历史，解读历史。

在西方艺术史上，曾经有两位艺术史家做了这样的尝试，这里把他们的大名及作品写下：布克哈特的《意大利文艺复兴时期的文化》，以及丹纳的《艺术哲学》。

但是这样的做法也充满了危险。在操作过程当中，两人都感到了仅用图像来解释历史的不当。艺术史毕竟不是社会史，图像本身具有的欺骗性、多义性、个体性就让人难以理解与驾驭，社会与艺术并非一致的前行更是增加了图像证史的难度。

在实践操作中，丹纳认识到还是必须以史学的根基作为阐释的出发点，并且对史学的认识必须达到一定的高度，这样才能摆脱史学片面的陈述，更加客观地分析图像的真实价值。

布克哈特的做法比丹纳要审慎一些，他提出艺术并不是历史的尺度，艺术的发展与衰退并不能提供有利于或不利于一个时代或一个民族的绝对证据。在他的专著中，图像被作为陈述历史观念与历史情感的基点。他以主题而非年代作为论述轴线进行历史的书写，他对材料的精心审视表现出他的谨慎。

两人的尝试似乎也从另一面让图像阐释者有了一定的警惕，即单纯依靠图像不能论证历史的真实，王国维先生所说的"二重证据法"（即"纸上之材料"与"地下之新材料"相互印证）确为历史研究的重要手段。由于图像创作的个体化特征，在将图像与历史进行对接时，还要注意在对图像进行确认与阐释时，我们不仅面临着风格史的变迁带来的形式变化，还要面对画家本人的意图与小小的狡黠，如果不采用全面、冷静的态度进行观察，就无法通过图像还原历史，同时深入了解画家

的意图。在图像中,我们可以抽出若干内在的线索进行解读,但是必须时刻注意图像表现与再现的差距。图像有可能展现文献中尚未展开的事实,也有可能让我们离历史更远。

本章选择了中国古代文人雅集图像进行分析,以图像证史的尝试来找寻图像背后的物质、精神与社会文化。

3.1 古代文人雅集图像

中国古代文人雅集是为了文化切磋与创作而进行的休闲式聚会。历史上,雅集是饮食娱乐与文化创作相结合的活动。诸多的雅集图像提供了饮食文化各个方面的素材,包括饮食器物的变化、饮食制度的发展,以及物质文化与精神文化结合的关系变化等。本节即对此进行探讨,从饮食文化视野中考察自晋至明古代文人雅集的情形,使读者对雅集的图像有进一步的了解。

雅集之始可推至汉代梁孝王的"兔园会",当时梁孝王宴请皇门贵族与社会名流,文士枚乘、司马相如等均有赋作。这是由政治人物领头的雅集,因此雅集也成为政治集团外延性的聚会。到了汉末曹氏父子的"邺下雅集",即将政治身份与文人身份混同,是文人雅集之滥觞。魏晋时期是文化自觉的时代,因受到当时宗教风尚的熏染及对社会的自觉疏离,文人在自然中寻找心灵释放,休闲式的聚会增多,"兰亭集会",因为王羲之的《兰亭集序》而留名史册成为一时之绝唱。

魏晋以后,文人的雅集成为文人切磋文艺、即兴创作的一种方式:唐代白居易参加的"香山雅集"、宋代苏轼参与的"西园雅集"、元代杨维桢参与的"玉山雅集"、明代汤显祖参与的"杏花楼雅集"、清朝时的"西湖雅集"都有一时之名。

文人向往雅集,不外乎两个原因:一是出于某种社会的需要结成联谊,二是文人精神生活的需要,通过雅集进行文学艺术的创作。

历史上的雅集图像反映了文人雅集的情景。

为了论述的方便,笔者将雅集图像大致分成三种形式,即"放浪式""山林式"及"台阁式",并主要以这三种形式的图像作为讨论对象。三者的主旨不同:"放浪式"绘式以肖像画为代表,主要描绘唐及以前的文人,以描绘文人的放浪之形体现文人脱俗之态;"山林式"绘式以山水与人物结合,主要表现唐宋以后的文人,画面主要是对禅宗思想与道家思想的反映;"台阁式"绘式反映唐宋以后的文人,是肖像画与景物画的结合,画面是等级社会在雅集中的反映。

第一种情形为"放浪式"。主要表现对象是魏晋及唐代文人。此种图像最早出现在南京西善桥发掘出的南朝画像砖《竹林七贤与荣启期》中,后世以唐代陆曜的《逸士图》,唐代孙位的《七贤图》,宋代钱选的《七贤图》,元代任仁发的《饮中八仙图》,明代仇英的《七贤图》《松林六逸图》等最为著名。其中画像砖中展示的是以植株隔断的一个个形象,表现人物最有代表性的一面,如"阮籍善啸""阮咸拨阮"等,并在人物旁边注明,这种画像采用了人物故事画的形式。陆曜《逸士图》也是依照画像砖的格局描绘汉晋文人马融等文士形象,展现了"阮孚蜡屐""陶潜葛巾漉酒"等代表性画面,以表

[南朝]画像砖《竹林七贤与荣启期》,现藏于南京博物馆

[唐]陆曜《逸士图》(局部),现藏于北京故宫博物院

现人物的放浪脱俗。钱选则是将其中几个人物结合在一起。而仇英、冷枚等吸取了当时的画式,转向于"山林式"的描绘。

第二种情形为"山林式",即将山水与人物结合起来。图像反映中以"兰亭集会"与"西园雅集"为代表。在"兰亭集会"中,文人既有置身于山林中的悠闲,又有文人娱乐之乐趣,"曲水流觞,饮酒赋诗",即兴创作。宋代无名氏的《兰亭图卷》即在人物坐姿图上配上了曲水流觞的景致,从单纯的人物配景图转向"山林式"。后代画作多遵循"曲水流觞"的结构配置人物,比如文徵明的《兰亭修禊图卷》即是如此。文徵明自言:"余每羡王右军兰亭修禊,极一时之盛。恨不能追复故事,以继晋贤之后也。"表达了他的钦羡之意。

[宋]无名氏《兰亭图卷》

[明]文徵明《兰亭修褉图卷》

　　另一有名的雅集是宋代的"西园雅集"。"西园雅集"里的主角是驸马王诜，他风流文雅，喜欢结交文友，其中既有文学家苏轼，也有书法家米芾、画家李公麟等。传李公麟绘制的《西园雅集图》描绘了主人宾客共16人雅集的情形，笔法极为写实。后世作《西园雅集图》者不可胜数，有名者如南宋赵伯驹、刘松年、马远、钱选，元代赵孟頫，明代尤求、唐寅、仇英，清代陈洪绶、丁观鹏等。据美国俄勒冈大学美术史系教授梁庄爱伦考察，历代著录《西园雅集图》画作共有47幅，她还曾见

到过存世的《西园雅集图》41 幅,共计 88 幅。画
作以临摹者为多,如:元代钱选即是临李公麟之
作;丁观鹏为摹仇英之作,并带有个人的发挥。仇
英表现雅集的空间在亭榭之间,与李公麟表现自
然环境中的集会有所不同。也有个性化转移的,
比如马远的《西园雅集图》,将西园置于小屿之中,
有东坡入园的过程以及众人共同参与创作的景象。

传[北宋]李公麟《西园雅集图》

第三种是"台阁式"雅集,画面虽然表现文化
活动,但场面却比较正式隆重。唐代有"十八学
士",被政府视为智囊,被画肖像以示表彰。五代
以来,"十八学士"图像一直被处理为"琴棋书画"
的文人聚会场景。日本东京国立博物馆藏的传为
元代任仁友创作的《琴棋书画》四图即是如此。中国

［明］仇英《西园雅集图》

［南宋］马远《西园雅集图》（局部），现藏于美国
纳尔逊-艾金斯博物馆

现以传为南宋刘松年所做的《十八学士图》四条屏
为最早，每幅画中文人四至五人，或听琴，或对弈，
或览书，或观画，表情严肃，环境以围栏、屏风等做
交代。明代佚名所做的《十八学士图》的基本图式
不变，文士皆着官服，正襟危坐中间，只是背景换
成屏风而已。明代谢环的《杏园雅集图》①描绘了
台阁重臣杨荣、杨士奇、杨溥及其他七位文官聚会
于杨荣府邸杏园的情景，不只每人穿着正式，而且
位次也极讲究，符合等级制度的要求。

　　以上三种雅集图像或以片断式呈现一个个场

———————

　　①　此图有两个版本，一藏于镇江市博物馆，下称镇
江版，一藏于美国大都会艺术博物馆，下称都会版。内容
稍有不同。

传［元］任仁友的《琴棋书画》四图

传［南宋］刘松年《十八学士图》之一、之二

景，间之以假山花木、亭榭池栏，横卷舒展，纵轴则
是依传统构图之法将多个场景镶嵌其中；或是重
点描绘某个场景，让它成为视觉的焦点，其余人物
则散落各处。从魏晋到明清的画家热衷于对雅集
进行描绘，表达了文人对理想创作环境的渴望。
而从图像学的角度来说，在观赏作品时，也必须注

意画像本体的物质特定性及画家发挥时所带有的
时代性,区分作为历史本体的图像元素及创作时
的元素。画家在不经意间留下的笔触,却能流露
出丰富的文化内涵。从饮食文化角度的观照,正
是对雅集图像意义的有角度的挖掘。

3.2　食具与饮食:雅集的物质文化

雅集中饮食占据重要的地位,雅集图像反映
了不同时期及不同级别的饮食面貌。本节选择最
接近历史真实的图像来进行具体分析。

3.2.1　图像中的食具与反映的饮食习惯

"放浪式"图像主要是对唐代及以前文人的体
现。表现魏晋文人的画像砖《竹林七贤与荣启期》
的创作年代最接近史实发生的年代。图像中每个
人都席地而坐,其中山涛、阮籍、刘伶与王戎身边
都有酒具。酒具为一敞口盆,有勺。山涛与刘伶
手中有酒具,该酒具为当时流行的羽觞。敞口盆
的形状在孙位的《七贤图》中表现得更为具体。地
上置低案俎,上置瓷质的酒杯。旁边是一个金属
质地的大鼎,鼎中有勺。钱选的《七贤图》中两人
对坐于地,中间则置鼎,鼎中有勺。一人手中举敞
口的羽觞。这些图像表明魏晋时期坐姿基本上还

是较低的，特别是风流名士，坐于茵席之上是常见的。因为坐姿低，所以酒器有脚或者把手，以便抓取。而樽勺制是从汉延续到魏晋的制度。魏晋时期一般的酒酒质不清，而且饮前需要加热，鼎的接触面大，以勺舀酒可以避开醪糟。刘伶《酒德颂》说："捧罂承槽，衔杯漱醪，奋髯箕踞，枕曲藉糟，无思无虑，其乐陶陶。"这正是当时儒士的喝酒情形。唐陆曜描绘的"陶潜漉酒"更是当时名士的脱俗行为，即拿头巾当作滤布绞挤酒液，使酒质纯净。这种放浪之形，非后代雅士所为。

羽觞实物

[唐]孙位《七贤图》残卷，现藏于上海博物馆

［宋］钱选《七贤图》(局部)

　　传李公麟创作的《西园雅集图》比较写实地反映了宋代文人雅集时的饮食情形。此图中专门描绘了童子治餐的场景：一个石案之上，放置着各种食物器皿，其中有一个执壶特别醒目。执壶耳与嘴的线条被拉长成曲环状，下腹部饱满，是较为典型的宋代执壶器型。此壶又名注子，与之相配的有注碗，是宋代广泛使用的温酒器。

　　宋徽宗《文会图》描绘了北宋文人雅宴。九人围坐树下大案，案上物品琳琅满目，除碗碟外，每人配有台盏一副，共备有温碗注子两副。大案前方有方桌，侍者正备茶酒。左下方是都篮，都篮是放置茶器的篾制工具。其上为燎炉，是用来烧炭烹茶与点茶的。一侍者以长勺舀茶末入托盏，预备点茶，以备酒酣后饮茶醒酒。右侧桌角一经瓶

贮酒,台上置温碗注子两副,侍者正预备热水入温碗,以供客人继续畅饮。画面所绘的贮酒的经瓶,用来盛酒、温酒、斟酒的温碗注子,饮酒的台盏,均为宋辽时期主要的酒器。宋代窦苹的《酒谱·饮器》称:"上古汙尊而抔饮,未有杯壶制也。"也就是说,宋代之前还没有采用酒杯与酒壶配套的形式。杯盏制是唐宋的制度。宋代的饮酒器可以是酒杯,下用酒台,也可以是盏,下用托盘,《演繁露》称之为"台盏"。

注碗与台盏的使用是与酒质的提高相关的。宋时为了去除酒中杂质,继续使用加灰技术。另外,为了杀菌,还使用了"火迫法"进行高温杀菌,这样就不必饮前烧煮,而温酒是为了改善酒的口味,增进健康。台盏制也与宋代的坐姿相配。因为唐以后中国经历了从盘足坐到垂足坐的过程。手臂到酒杯距离的减少使带手把的酒杯渐渐退出历史舞台。

谢环《杏园雅集图》(都会版)中亦有备餐的石案,地上置鼎,里面有温酒壶,一童子拎提梁壶,另一童子奉茶盘。这里表现的酒具与当下相差无几了。

宋代温碗注子实物

［宋］宋徽宗《文会图》(局部)

[明]谢环《杏园雅集图》(局部)

上(都会版):图中有风炉,为陆羽设计的鼎状风炉,三足两耳,腹有三口。

下(镇江版):表现了提匣、酒瓶等器物。

3.2.2 图像中反映的饮食的程序与等级

孙位的《七贤图》在地上表现了豆的样式,里面放置了香蕉等水果。表现出魏晋文士用食的随意性,没有表现雅集的过程与场面。

《红楼梦》第三十八回中描述了贵族家族小型诗社的集会场面:贾母等赴宴时,见榭中已安排临时筵席，布下了筷箸、碗碟、醋酱盘及一些干果，主食螃蟹还没有上来。一旁点了两个风炉，一个备酒水，一个备茶水。当宴会结束后，桌子撤到一边，只备干果点心与酒茶等。这就透露出几个信息：雅集可以分成宴饮与休闲两个步骤；宴饮的主菜是其他地方制作的，可使用提匣、都篮、食匮一类的器具运送过来；现场的备餐只是准备汤水而已；休闲散坐时在一旁备下果子、酒茶等，让客人随意取用。所以《文会图》表现的是雅集的第一个场景，而《西园雅集图》表现的是第二个场景。

相比之下，《文会图》是颇为正规的宴请场面。大桌上食物琳琅满目，排成明显的行列，但是似乎并不易于取用。宋代盛行"看菜"之风，吴自牧在《梦粱录》中说："御厨制造宴殿食味，并御茶床上看食、看菜、匙箸、盐碟、醋樽，及宰臣亲王看食、看菜，并殿下两朵庑看盘、环饼、油饼、枣塔，俱遵国初之礼在，累朝不敢易之。"对照图像，很可能放置在桌中间的就是看菜。看菜一般是果盘、干果，最高规格的是香桌，即用香药制成的看食。《武林旧事》中的"高宗幸张府节次略"条，开具了一张完整的御筵食单。这一筵席中初坐时上的看食有七行，每行中各有十个绣花高钉盘，共计七十个钉盘；再坐时撤换成六行，共计六十个钉盘。《文会

图》中的规格也不低，共列四行十六个钉盘，除此之外，还有对称放置的果盘及香花。宴会采用的是分餐制，每人真正动用的是各自面前的箸子、台盏与碗碟。另有两副注子，对角放置，方便随时供酒。

［宋］宋徽宗《文会图》（局部）

而《西园雅集图》只在一边设置食案，客人随意取用。客人创作的几案上，也有若干杯盏，有自取饮用的迹象。《杏园雅集图》表现的是文人吃茶的情形，除了有仆役送入提篮的情形，几乎与宴饮没有关联。

相对来说，野外的雅集要简陋得多，食物、器物也要随身携带。沈括《忘怀录》记录了文人远行的标配，两个童子挑的两幅担子，已经把琴棋书画、食宿用具等东西都带全了。其中一童子挑了一个多功能的食篓，分成底座、二隔层，上加盖。

[明]谢环《杏园雅集图》(镇江版)(局部)

里面装的东西不少:有一个小酒罐,可贮几升酒,
配一个酒勺,三个杯子;有一个漆酒,里面装的是
各种脯修、干果、嘉蔬及一饵饼;有三个食盒子,每
个盒子里面放着十多种果子,三个一摞,合为一
隔。而另一童子挑的竹甬中,下面是一柜子,柜子
里放六七个食碗碟、四副箸、水果及削果刀子等。
另外的装备是被子铺盖等,可以说是一应俱全了。

3.3 "四美具,二难并":雅集的精神文化

雅集的目的是什么?如明代高启所云:"朝夕
诸君间,或辩理诘义以资其学,或赓歌酬诗以通其
志;或鼓琴瑟以宣埋滞之怀,或陈几筵以合宴乐之
好,虽遭丧乱之方殷,处隐约之既久,而优游怡愉,

莫不自所得也。"即雅集"优游怡愉"的四个目的是通过音乐来畅怀、饮宴来释怀、辨析来明理、歌酬来抒怀。在这里,乐、宴、志、学是同一层面上的。

对雅集做如此理解的并不只有高启,王勃早在《滕王阁序》中即云"四美具,二难并",即指雅集是综合性的追求。雅集包含诸多元素:音乐、饮食、文章、言语及良辰美景、赏心乐事等。在王勃看来,音乐、饮食、文章、言语中有着相通的美学因子,通过一定的场景选择使之共同升华,才能达到身心愉悦的目的。由此可见,宴饮作为雅集的重要环节是不可少的。文人不只把宴饮作为交流感情的途径,也将之视为展露风雅本性的载体。食,作为人感官的重要行为之一,与听、闻、书画、看等其他行为的发生同样有着美学的价值。

3.3.1 良辰美景是身心愉悦的前提条件

从雅集的图像来看,诸多雅集都把地址选择在风景秀美的户外。《兰亭集序》记述兰亭一带风景:"此地有崇山峻岭,茂林修竹;又有清流激湍,映带左右。"托名为米芾的《西园雅集图记》记述西园的景致:"水石潺湲,风竹相吞,炉烟方袅,草木自馨。"杨维桢在《玉山雅集图记》中记雅集场地:"碧梧翠竹,与清扬争秀;落花芳草,与才情俱飞。"

优美的环境不只提供了雅集的风景,也提供了活动展开的条件,如临溪之"浮觞"、临江之"浮舟"、临池之"观鱼"等,这些活动又佐助了饮食与艺术行为的发生。

时间的选择同样为雅集提供了宴饮与文艺创作的主题。如"兰亭雅集"选择在上巳节,这是传统的复活节,主要是以水来行祓禊,这构成了主题,也使得"曲水流觞"有了很好的交代。陆游参加重阳雅集,以"菊觞"为主题,赏菊饮菊花酒。《红楼梦》中描绘了"菊花诗会"及"蟹宴"的场面。发生在晚清的两次杭州灵峰诗会则以探梅及苏子生辰纪念为由。对良辰的选择,反映了中国士人"名至实归"的传统思想,也营造了雅集的氛围与基调。

3.3.2 饮食行为穿插在雅集的各个阶段

从雅集的构成来说,有团坐宴饮与散坐切磋两个阶段。饮食、音乐、言论都可以穿插于全程之中。其中,饮食在第一阶段是主体,到了第二阶段就成为一种陪衬。因此,也有文人把以宴饮作为主体的聚会称为"斗酒会""文字饮"等。而在第二阶段,酒、茶及果物等一般都是放置在一边的几案上,供人随便取用。而文士创作的案上,则是按书房的配置进行布置，放上笔墨纸砚及香熏、花瓶、书册等，刘松年的《西园雅集图》就展现了这样的场景。《红楼梦》第三十八回写道，蟹宴结束后，进入创作环节，黛玉因想喝酒，就自己选择了一个小酒盅，一旁的丫头要上前倒酒，被其制止，这也说明了饮食行为的随意性。李公麟的《西园雅集图》分别描绘了绘画、书写、论道、听音等场景，一旁的侍者准备了基本的道具，比如砚台、古琴等，但没有描绘奉茶进酒者，可能就是这样的道理。

[宋]刘松年《西园雅集图》(局部)

3.3.3　饮食行为与创作行为的交织

饮食行为可以作为创作的辅助剂与催化剂。但是有时也成为创作的序曲。这时，饮酒就成了酒令的一个因素，从而也成为创作的开始。《兰亭集序》中云："虽无丝竹管弦之盛，一觞一咏，亦足以畅叙幽情。"这里就是指流觞时以酒杯的停滞来决定作诗与否的活动。

唐代柳宗元《序饮》一文记述将酒杯浮于水面以洄溯快慢作为罚酒之差的做法：

> 买小丘，一日锄理，二日洗涤，遂置酒溪石上。向之为记，所谓牛马之饮者，离坐其背，实觞而流之，接取以饮。乃置监史而令曰："当饮者举筹之十寸者三，递而投之，能不洄于洑，不止于坻，不沉于底者，过，不饮；而洄，而止，而沉者，饮如筹之数。"既或投之，则旋眩滑汩，若舞若跃。速者、迟者，去者、住者，众皆据石注视，欢忻以助其势。突然而逝，乃得无事。于是或一饮，或再饮。客有娄生图南者，其投之也，一洄、一止、一沉，独三饮，众乃大笑欢甚。

这里只有罚酒而无作诗，这也是酒令的滥觞。唐代文人宴饮时以酒令来罚诗使得宴饮场面更具有文化性。但是就雅集的性质而言，过于喧嚣的场面有损文人的体面，因此酒令的形式在雅集中不太提及。在玉山雅集中出现了"持觞而听令

者"，或许可以说明在玉山雅集的宴饮环节是存在着酒令形式的，饮食行为由此与创作的行为有机交织。

如果考察雅集创作的情形，有自主创作（王勃参加的滕王阁宴），有联句（如颜真卿湖州笔会），有分韵创作（玉山雅集曾以"爱汝玉山草堂静"七字分韵赋诗），有当场创作（兰亭雅集），也有提前或者事后创作的（玉山雅集）。从此情形也可以推想饮食在不同雅集中对创作的辅助作用也是不同的。

3.4　侍奉与等级再现：雅集图像的社会意义

雅集反映了文人的聚会，但其反映的社会内涵不止于此，这里只从与饮食相关的两个方面进行讨论。

3.4.1　侍奉制度

雅集中除了文士之外，还有一些服务人员。比如孙位的《七贤图》中出现的男仆与男童形象，李公麟的《西园雅集图》中出现的男童、侍女及仆役形象，谢环的《杏园雅集图》中出现的仆役与男童形象。这些服务人员的出现反映了特定时期的社会现象。

孙位的《七贤图》残卷中有四个服务男性：其

中有一个成年男仆,恭身立在稍远处,手中端食具。三个总角垂髫的小童则站在主要人物的身边,从右起,第一个捧琴,第二个捧书,第三个则端着唾壶为主人接痰。显然,这三个小童的身份要高于男仆。选择童男作为贴身的奴役,让他从事较为轻松的体力活,比如书房的工作,是较久远的习俗。而将面目姣好的作为近侍,有的甚至可以解决生理上的需要,这是魏晋风度的另一面。魏晋时期"断袖之风"盛行,魏晋士人以女性的准则来规范士人的颜容,敷粉熏香是当时的常态,也即男人女相。而《七贤图》表现的是魏晋风度中的放荡不羁,因此画中几个主要人物都有胡须,这表明了主体的男性风范。而男童的恭敬态度也与变男的表现有很大不同。

唐以后,士人蓄姬成为一种风尚。侍姬不仅要容貌出众,而且要有一定的才艺,要能歌善舞。尤其唐代盛行酒令,宴饮场面缺少不了调节宴会气氛的女性,她们除了要有才艺,还要有一定的酒量。所以,侍姬在西园雅集中登场,就是时代风尚的表现。从重要性来说,她们比稚童与仆役更强一些,托名为米芾所写的《西园雅集图记》中说:"后有女奴,云环翠饰侍立,自然富贵风韵,乃晋卿之家姬也。"突出了她们在雅集中的地位。

而玉山雅集更富有市民气息,自然不能缺少侍姬与女伎。侍姬是服务专人的,"鹿皮衣,紫绮坐,据案而申卷者,铁笛道人会稽杨维桢也。执笛而侍者,姬翡翠屏也……琴书左右,捉玉尘而从容谈笑者,即玉山主人也。姬之侍为天香秀也……美衣巾束冠带而立,颐指仆从治酒肴者,玉山之子元臣也。奉肴核者,丁香秀也。持觞而听令者,小琼英也"。另外还有"执伎",是一般的伎人。对于各种服务人员的活动,杨维桢的记述很清楚:"一时人品,疏通俊朗,侍姬执伎皆妍整,奔走童隶亦皆驯雅,安于矩矱之内。"也就是说,相貌姣好的女性主要负责娱乐宾客,而"童隶"是负责食物供给的,男性服务人员还分男童与成年男子。

《杏园雅集图》(都会版)中出现了男童与仆人形象。男童穿着斜襟裙与裤(与官员的服饰有明显区分),头部按年龄大小有扎髻与垂发。他们或持画轴,或展画,或研墨,或端茶,从事与书童相配的工作。图左侧松后探出半身的奴仆性别较为模糊,可能是厨娘,手中持算一类的厨具。整幅画中没有出现侍姬形象,这也和明代在对一系列社会关系进行整肃之后女性与此种风雅环境绝缘的社会现实相吻合。

3.4.2 雅集图像价值指向

在雅集的三种图式中,书、琴、杯盘、稚童等是它的标配性符号,但是画家对之的运用与整合却有着不同的指向。笔者将其分成展示性的图像与体验性的图像。前者通过符号的配置,演化为一种仪式化的套路,塑造出儒生的经典形象,强调诗书琴画的价值,树立儒士的道德典范;后者则带有强烈的进入感,或者是向世俗倾斜,强调五官的感受,或者是指向宗教式的净化,强调与自然的呼应。

宋人的《十八学士》与谢环的《杏园雅集图》是前者的代表。图像对主体的处理是肖像画式的,形体明显大于"山林式"图像中的人物,且人物面对观者。宋人《十八学士》中的围桌坐姿很明显地呈现"八"字形布局,就是为了不遮挡桌后地位最尊贵的文士,且文人的表情都非常严肃,官员列坐的情形表现出严格的等级制度,也具有展示作用。

[明]谢环《杏园雅集图》(镇江版)(局部)

同时对环境进行了整饬，使之成为主体活动的一个背景，而不是一个完整的空间。

相反，诸种《西园雅集图》则营造了令人愉悦的空间。图像并不强调人物的个体特征，而是将人物与自然环境结合在一起，自然环境则令人超然脱俗。其中，马远的作品更富有诗意，画像模拟了苏东坡的体验，用长达 2/3 的卷幅表现他渡过烟波江面，下船上岸，又通过修长小道进入后园的悠长过程，整个节奏是舒缓的。而后园的雅集仿佛也只是个普通聚会，分不清主客与主仆，不同面目的人正在注视一人创作，另一个人在一边慵懒地打哈欠，稚童仿佛是邻家的孩子，牵着侍姬的手报告消息，而侍姬的态度也很随意。另一头的山洞里，童子正在餐几前忙碌，准备茶酒。这是一幅

［南宋］马远《西园雅集图》

充满想象与寓意的雅集图像,马远描写文人通过水道进入聚会、聚会中,以及离开时的场景,表达了文人对理想国的诗意幻想。

但体验性的图像也有世俗型与出世型两种类型。其中,有力把握图像指向符号的表现之一就是餐饮符号的组配方式,饮具种类的不同,使图像有了不同的精神指向。元人杨维桢评论:"兰亭过于清则隘,西园过于华则靡;清而不隘也,华而不靡也,若今玉山之集者非欤?"结合王羲之自己的说辞,"兰亭雅集"是以"禊礼"为核心,只有"清饮"与"赋诗",没有"宴饮"与"丝弦",所以过于"清隘";西园雅集,则过于仪式化,局限于伦理束缚;而杨维桢参与的玉山雅集,则有丰盛的美食、热闹的酒令、多样的音乐及可爱的美人,是世俗化的雅集状态。因此,热闹的基调,以及酒与茶的同时出现是此类雅集的常态,也是表现唐代文人聚会的通常的图式。

描写宋人的雅集,并不回避对饮食的描写。明代以后,酒的隐没与茶的突出,使图像表达有所转向,而茶寮、山房等频繁地出现在文人访友聚会的图像中,似乎更能说明这种情况。而事实上,明代文人集会的世俗化倾向更加明显。这一逆转似乎可以解释为行为与心理的矛盾,这另当他题,此处不展开。

3.5 总 结

历史上众多的雅集图像提供了多个可以讨论的角度。本章试图抽出三条线索进行解读:物质、精神与社会文化。物质文化的线索可以与物质史相参照,它提供了雅集物质层面最基本的事实;精神文化的挖掘则可以从图像风格史的角度来考察。如李公麟与马远以不同的风格来记述雅集。李公麟的描绘接近于纪实,而马远的描绘则源自想象与虚构。从马远的画里,可以体会到文人通过漫长水道来到集会之地,通过一番精神洗礼又由水道回到世俗之地这样一个过程。社会文化的展示则通过图像类型史的角度来得出,特别是在《杏园雅集图》这样的画作中,雅集是庙堂社会的复写。

4 裸体：观看的权力

观看是一种权力。那么，权力是什么？权力从何而来？

在韦伯看来，权力都来自某种设定，无论是超凡的权力、传统的权力，还是法定的权力，施予权力者与被施者的地位不是平等的，是设定好了的。这是持经济主义权力观的人的一种看法，也是较为人所熟知的一种观点。

但福柯认为，权力的产生不是由于特权的扩张与施加，也不纯粹是支配—压抑模式，权力深深地扎根于社会关系中，权力的运作要泛化得多。权力是非中心化的，是分散的、多元化的。在国家宏观权力动作外，福柯发现了微观角度的多种权力，如在不同的系统、社会底层中依然活跃着权力的身影。

同时，"权力是精致的、转变着的和组织化的，它赋予其自身以或多或少适应其处境的过程"。

也就是说,权力是流动的、多形态的。在实际的操作过程中,不能把权力的运行视为一种自上而下的权威与统治,而应该将其视为一种结构性的活动,一种相互交错的网络。"权力以网络的形式运作在这个网上,个人不仅流动着,而且他们总是既处于服从的地位又同时运用权力。"

福柯不仅考察了权力的产生机制,而且分析了权力的主体。福柯认为,因为权力不是一种既定的生成,是产生于关系与网络之中的,变换的关系与流动的网络消除了主体的身份,所以权力是"无主体"的,每个人都可能是权力的实施者,又可能是权力实施的对象。

作为一个后现代主义的哲学家,福柯以微观权力的角度消解了权力的宏大叙事。他还以"规训制的权力机制"来表述后现代的权力实施方式。这种机制不需要使用国家机器,也不需要动用经济与政治权力,而只要使用规范化的手段就能实现控制。这种非暴力化的权力机制,比暴力化的权力机制更为有效,且代价更小。

福柯的权力理论对权力做了微观的、动态的与结构化的剖析,这种观点也适用于我们对视觉对象的分析。一直以来,我们认为视觉主体对视觉的对象具有一种优越感,把观看视为一种居高临下的权力。但是,"主体间性"的提出似乎也动摇了主体审美时的绝对优势。"庄周梦蝶"中不知是庄周做梦时梦见自己变成了蝴蝶,还是蝴蝶做梦时梦见自己变成了庄周,主体的调换必然引起审美的异动。而在观看时,情形似乎也相同,我们在面对视觉对象时似乎也受到了视觉对象对我们观看者的审视。在这一过程中,权力的关系发生了变化。

下面选择裸体画进行分析。中国俗话说:"万恶淫为首,论迹不论心,论心,世上无完人。"这句话的意思是说,万种恶之中,对别人肉体的贪欲是最需要谴责的。但是要说一个人是"淫"的,要看他的行为,而不能看他的内心欲望。如果从内心看,每个人在潜意识中都有偷窥他人的欲望,那就没有完人了。《红楼梦》里,贾宝玉神游太虚幻境时遇仙子,见其既似宝钗又像黛玉,不觉神荡。警幻称怜香惜玉的贾宝玉为"意淫","意淫"在这里是指精神上对异性的相通相契,显然是高于肉体之淫欲的。如果说"意淫"是精神上的补偿的话,那么"偷窥"就是行为上的补偿,同样是对不可得的对象的占有欲。

占有什么,自然指肉体。"偷窥"什么,自然还是指肉体。因为肉体具有重要的呈现意义,因此,在绘画作品中，裸体的呈现不只是对象肉体的再现。

首先，对于观看者来说，如何设置观看者与裸体之间的关系，如何将观看肉体变得具有合理性，从而使观看裸体合乎道德上的要求是一个需要讨论的方面。

其次，道德的要求同样来自被展示的个体。在裸体的呈现过程中，呈现的对象如何回应别人的观看，是顺从，是反抗，还是挑逗，这一回应是否具有道德性？

最后，还有第三个问题，裸体的呈现还涉及图像的创作者，在创作裸体的过程中他是如何来进行道德判断的，又是如何行使观看的权力的？

因此，裸体的观看变得复杂起来。其实我们在观看裸体画时，已不只是从形式中归纳与辨认对象那么简单，通常动用的理论包含了福柯的权力学说、女性主义观点。以下通过对几对关系的阐释来说明这个问题

4.1 凝视与一瞥

在观看中，我们经常会使用"凝视"与"一瞥"这对概念。在心理学上，"凝视"代表了有权力的长时间的观看，而"一瞥"是有节制的迅速的

扫视。警察在审嫌疑人时,往往威严地狠狠盯住嫌疑人的眼睛,让后者感到压力,最后精神崩溃交代罪行。而在人际交往中,我们则往往是对对方一瞥,然后收回目光,再一瞥。"一瞥"表现出对等的关系。

在观看中,笔者把"凝视"设定成安全而有权力的观看,也设定成观者可以向作品进行长时间而不受到阻碍的观看。这一看法,是与画面的去痕过程相匹配的,也可以理解为面画本身的空间感十分脆弱,或者面画的空间是一个自足的空间,里面人的悠游完全是在一个与观看空间完全隔离的平行空间之内。在中国明代的版画中,特别能感受到这样的感觉。

4.1.1 凝 视

闵齐伋本《西厢记》成书于明崇祯十三年(1640),现藏于德国科隆东亚艺术博物馆,共有21帧宽幅版画,以技法六色套印及拱花饾版的技术著名。

其第十三回《月下佳期》,描绘的是莺莺与张生约会后共度良宵的场景:画面中心有一围着屏风的床榻,屏风上绘有云之夜波涛起伏的图样。这是一幅充满隐喻的绘画,月提示了时间的背景,

闵齐伋本《西厢记》第十三回《月下佳期》

而云的存在让人想到"巫山云雨"。而起伏的波浪也让人浮想联翩。帐上绣着梅花,不免让人想到"梅花帐里笑相从,兴逸难当屡折冲。百媚生春魂自乱,三峰前采骨都融"的诗句。

　　如果这些还是暗喻的话,那么榻上隆起的身形,明显地透露出莺莺与张生正在私会。屏前站着的是莺莺的丫头红娘,她正在偷听床上的动静,同时她也听到了屏风另一侧的动静,所以将脸扭了过来。屏的后侧探出一头,是张生的书童欢郎。这两个人还是少男少女,对床笫之事充满了好奇,且脸上还流露着诡谲的笑容。

　　展开一角的屏风向观众透露了莺莺与张生的行为,而高视点的观看又展示了红娘与欢郎的动作。真相被层层包裹又被层层打开,这是闵齐伋本《西厢记》插图的趣味所在。不只这幅插图,闵齐伋本《西厢记》其他插图也显现出图中图、套中套的趣味。但是从画面的展现来看,这一空间是自我封闭的,它没有为观众留后窗,是观众可以"凝视"的作品。

4.1.2 一 瞥

与"凝视"相对立的是"一瞥",笔者把"一瞥"设定成被打扰的平等的交流,也设定成作品总是为观众的观看设置了障碍。画中人的目光超越了画面的空间限制,与观众的目光相迎。观众在画中人的注视下变得不那么从容,他感到自己是被画中人物注视的对象。下面是一幅鲁本斯为其第二任妻子所绘的《披毛皮衣的海伦·芙尔曼》。

画这幅作品的时候,鲁本斯 61 岁,而海伦才 24 岁。鲁本斯面对如此艳美年轻的妻子,怎能无动于衷,所以他娴熟地画下了妻子半裸的形象。画中年轻的妻子丰腴妖美,仿佛刚刚沐浴而出,迎面遇上一个男子,她慌忙中赶紧拉上一件毛皮衣服遮体。画中的海伦虽然被人惊扰,但并不显得恼怒,她只是侧过头朝向观众,因为她注意到了有旁人的眼光。她的目光把观众拉入了绘画的空间

鲁本斯《披毛皮衣的海伦·芙尔曼》

之内,虽然被绘者的眼神并不具有敌意,但至少使得观众在看向她时会有一丝迟疑,毕竟这是一个半裸着的人体。这样,长时间的关注被匆忙的一瞥代替。

　　一瞥的感受度与画中人眼光的属性有关。对方目光的和善程度与观者的受尊重程度成正比。对方目光越和善,观者就越觉得被尊重,一瞥的时间就越长;如果这和善到了顺从的地步,那么观者就会受到鼓舞,重新转向凝视。如果这目光含有敌意,那么观者的罪恶感会增加,一瞥会转向不道德的偷窥。

4.2　旁观与偷窥

"旁观"意味着偶然遇到并注意地看。因为偶然,所以并不故意,注意力也因为偶然而抹去了它可能卑下的动机。在绘画中,"旁观"来自作品本身空间的封闭与圆满。"偷窥"暗指了一种有限的视角,通过这一视角达到窥视肉体的目的。

在绘画史上,创作"苏珊娜与长老"题材的画作不胜枚举。"苏姗娜与长老"题材的画作,源自这样一个传说:

从前有一个名叫苏珊娜的女子,她天生丽质,貌如天仙。她嫁给一位巴比伦富商为妻,生活富裕。对自己的丈夫,苏珊娜非常忠贞。一次,苏珊娜在自家花园的浴池里沐浴,不料被两个年老的好色之徒看见。他们觊觎其美色,企图上前奸污她,遭到了她的拼死抵抗。后来,两个好色之徒害怕苏珊娜向她的丈夫揭露他们的罪行,便恶人先告状,诬陷苏珊娜不贞。官司一直闹到埃及法老那里,苏珊娜被判死刑。

最后,多亏先知出面相救,才为苏珊娜洗清了冤屈,伸张了正义,两个恶棍最终被判以烙刑。苏珊娜从此成了阿拉伯民间故事中贞女的化身。

这则故事中有太多让画家荷尔蒙亢奋的地方:贞女与色鬼、浴女与恶魔、纯洁与肮脏、年轻与衰老、美丽与丑恶。在一个空间中进行这样的对比,确实能让画家的想象力与表达力得到淋漓尽致的发挥,下面是对几幅作品的分析。

4.2.1 旁 观

丁托列托所画的《入浴的苏珊娜》让观者拥有了旁观的身份。

丁托列托《入浴的苏珊娜》

丁托列托是文艺复兴时期意大利威尼斯画派的画家,他的老师是著名的大画家提香。丁托列托希望能把提香的色彩经验与米开朗琪罗的素描经验结合在一起。但是实际上,他是一个很有自己风格的画家,特别是他发明了"短缩法",使透视的技巧更进一步的提高了。在《入浴的苏珊娜》中,丁托列托的镜子就是"短缩法"的产品。

他画出了一个神情怡然的苏珊娜。她注视着一面镜子,不用说,她正在欣赏自己的裸体。她的裸体看上去十分娇艳美丽,皮肤白嫩、细腻、光滑、富有弹性,手上戴着玛瑙镯子,一头卷曲的金黄色头发熠熠生辉。整个形象如出水芙蓉一般,光彩照人。她的一条腿还伸在浴池里,另一条腿蜷曲着。舒展的裸体非常自在。在她的前面,摆放着珠翠、香水瓶、胸衣、发簪和化妆品之类的东西,前面的镜子里反映出了她的发簪和浴巾的一角。在观看的情形中,苏珊娜就暗将自己的部分客体化了,镜中的裸体是苏珊娜的裸像。但是裸像是向她本人敞开的,因此敞开还是在封闭的空间中。

画面中出现了两个年老的窥探者,一个从镜子的后面露出头来,一个在画面的远景中探出身来,这两个人的眼睛都望向苏珊娜。由于苏珊娜是面画的中心,投向她的目光除了两个年老的窥探者,还有作为观众的我们。但是我们并不会把自己代入那两个窥探者,对于苏珊娜,我们是旁观者。这一情形,不会使我们产生道德上的负罪感。

下图是丁托列托所画的《浴后的苏珊娜》。

丁托列托《浴后的苏珊娜》

在这幅作品中,苏珊娜与两个女佣待在一起。看样子她已经沐浴完毕,一个女仆正在为她修剪脚指甲,另一个女仆在为她打理头发。她侧身坐着,虽然全身裸露,但在两个着装的女仆面前并没有感到羞耻,这是因为她拥有主人的地位,理应有道德上的优越感。与丁托列托的上一幅作品相比,《浴后的苏珊娜》画面的前部十分明亮,苏珊娜的胴体散发着金色的光芒,看上去十分纯洁。画的后半部渐隐入黑暗中。在后半部的石台后面,出现了两个穿着红衣的老年男性,红衣标志着他们的身份,而隐没在黑暗中的脸则暗喻着他们的猥琐与阴暗。他们正向苏珊娜窥探,但是苏珊娜的眼光并没有朝向他们,却是扭过脸来,看着画外,仿佛她被来自画外的动静所干扰。她的眼光并不坚决,只是不经意的一瞥,或许她认为靠近的只是另一个女仆,但这足以让观者吃了一惊,因为我们同样把眼光投向了她。那么,我们的存在,是否也正像那两个年老的窥探者一样?这样的眼光,使观者具有了偷窥者的身份。但我们只是运用了同比的方法。实际上,我们并不是那两个窥探者,我们只是在旁观时不经意成了偷窥者。虽然,我们是不道德的,但不是故意的。

4.2.2 偷窥

下面是伦勃朗的《沐浴的苏珊娜与偷窥的长老》。

伦勃朗《沐浴的苏珊娜与偷窥的长老》

伦勃朗画中的苏珊娜让观者无地自容。

伦勃朗用他娴熟的舞台高光的亮色表现法将苏珊娜置于光亮之中,使其成为焦点。这是一个室外的花园,时间应该是在晚上,苏珊娜赤裸着全身,可能正要入浴,因为她的头发还是干的。但是她忽然听到了什么动静,下意识地屈起身,一手挡住前胸,一手抓起一块沐巾盖住下腹,她不再是一位享受着女仆服侍的贵夫人,也不再是一位照镜自赏的美妇人,她像受到惊吓的小鹿,她的身体由于紧张而收缩,脚甚至不能套入鞋中,她的眼神惊慌而恐惧,最主要的——这眼光正好射向你。

画面中没有那两个老色鬼,因为老色鬼就站在我们观看的这个位置,我们马上代入了这个身份中。只要对这个题材有所了解,我们就能明白伦勃朗狠狠地甩了观者一个巴掌。我们要是看得越认真,我们偷窥得就越厉害,我们就更成了那两个老色鬼,我们的道德也就更低下了。

如果说丁托列托所画的《入浴的苏珊娜》展现的是一个故事,那么从第二幅开始丁托列托就想让画作与观者产生一定关系;而伦勃朗走得更远,他让观者进行了替代,让观者的"偷窥"受到了谴责。"旁观"与"偷窥","凝视"与"一瞥"在某种角度上重合了起来。因为"凝视"所以有了"旁观"的姿态,因为对象的注视,因此观者只能"一瞥"式的"偷窥"。"旁观"者拥有优越的心理,他注视着被注视者,掌握着权力,却没有欲望。而"偷窥"是一种最普遍的性心理现象,具有普遍的色情意义。"偷窥"将那些与私人生活、与社会性关联的危机暴露出来,揭示了人性中软弱与阴暗的一面,也使得一种缺乏内省的、沉沦的私人经验呈现出来。"偷窥"没有道德,也没有权力,只有欲望。

在"凝视"的情况下,观者未必不是一个"偷窥"者,就像《月下佳期》所展现的,画家很乐于让观者成为一个无害的"偷窥"者,画家将这视作趣味,这时他将自己等同于观者。在伦勃朗的画里,他使用了"替代"之法。而这是最有效的进入画画的方式,他使一个外在的关注者成为内在的关注者。这个角色的设定是画家故意的,画这幅画时伦勃朗经济状况尚好,家庭也较为完美,甚至从中可以看出画家小小的狡黠与自恃。

画家与观者有时合二为一,有时又分开。同样面对裸体,观者在"旁观"时是从容的,而在"偷窥"时则是局促的、不安的。这是源于观者的方面,那么被观者呢,其裸体真的是无辜的吗?它需要为不道德负责吗?

4.3　裸体与裸像

这里,我们有必要区分两个概念:一个叫裸体,一个叫裸像。所谓裸体,是不加服饰的自然的身体;而裸像,是让人观看的裸露的身体。这时要特别提到女性的裸体。

《创世纪》第3章第6节说道:

于是,女人见那棵树的果子好作食物,也悦人的眼目,且是可喜爱的,能使人有智慧,就摘下果子来吃了;又给她丈夫,她丈夫也吃了。他们二人的眼睛就明亮了,才知道自己是赤身露体,便拿无花果树的叶子,为自己编做裙子。

……耶和华神呼喊那人,对他说:"你在哪里?"

他说:"我在园中听见你的声音,我就害怕,因为我赤身露体,我便藏了。"

…………

[耶和华]又对女人说:"我必多多加增你怀胎的苦楚,你生产儿女必多受苦楚。你必恋慕你丈夫,你丈夫必管辖你。"

这段文字的奥秘在于：

第一，从原罪的角度来说，女性的罪大于男性，因为她率先吃了果子。所以耶和华在对两人进行惩罚时，女性的罪大于男性，女性受辖于男性，服从是女性的天命。

第二，它提示了人对自身身体的认知并不是天生的，而是后知的，是在男女彼此的观照中发现的。在希腊人那里，裸体是一件很自然的事情。丹纳在《艺术哲学》中说，希腊人的雕塑和绘画作品中有很多裸体，是因为实际生活中的希腊人喜欢裸体。原因大致有：希腊的气候很温暖，属于典型的地中海气候，无须多穿衣；希腊人好运动，穿衣妨碍运动，故运动时多为裸体，或极少穿衣。第十四届奥林匹克大会上，运动员全裸出场。这样的风俗，在文明民族里是很少见的，但希腊人本就没有思想比身体高贵这种现代人所奉行的想法，他们认为健康就是美的，甚至身体就是美的。

文艺复兴只是重新发现了古代艺术中的真相，将裸体与自然之道联系了起来。因此，在西方人想象中的神的世界里，神都是裸体或者半裸"出镜"的。在飘动的衣裙之下，神的身体曲线毕现。文艺复兴时期，艺术家终于从早期的艺术中找到了希腊时期的表现方式，并用大胆的技艺来展现

裸体,而这明显有别于当时的宗教画。既然裸体是神存在的自然面目,那么他们的行为更不应被视为故意呈现在观者之前。

4.3.1 裸 体

维纳斯的诞生取材于这样一个希腊神话:有个叫克洛诺斯的神,他是万神之王宙斯的父亲,克洛诺斯受母亲盖亚指使割下他父亲的生殖器并抛进海里。生殖器经过长期漂流,结果变成一个比雪还白的水泡。等水泡一破,在中间生出一位亭亭玉立的少女。这位少女被风神塞浦路斯用微风送到米洛斯岛,在那里由春神芙罗娜给她披上美丽的衣服,她由此成为女神。

波提切利的《维纳斯的诞生》以裸体的女神维纳斯为中心。画面左边是风神塞浦路斯,他把她吹送到幽静冷落的岸边,而右边则是春神芙罗娜,她用繁星织成的锦衣在岸边迎接维纳斯,维纳斯身后是无垠的碧海蓝天,她正忧郁惆怅地立在象征她诞生之源的贝壳上,体态显得娇弱无力。

维纳斯出生即是成人。她没有经历过婴儿之身,没有经历过非美的过程,生来就完美无缺。这点正符合当时的新柏拉图主义美学思想:美是不可能逐步完善或从非美中产生的,美只能是自我

波提切利《维纳斯的诞生》

完成的,它是无可比拟的。实际上说的就是:美是不生不灭的永恒。维纳斯单纯甚至有些呆滞的眼神传达出这样一层意思:她来到世界上,并非出于自愿,而是迫于无奈,因此她对自己毫无把握。画面中,她的手自然地遮住了胸部与下腹,仿佛非常羞涩。

但是,这种羞涩就是自然的吗?从画面的构图来看,风神与春神形成对称的布局,身体也微微向两侧打开,仿佛置身于一个舞台之上。这个结构,是示人的呈现,也就是说,维纳斯知道自己是孤独的,她还知道自己是被观看的,她身体的舒展与画面的布局正好成为一个悖论。作为文本的再现,场景是没有观众的,但是作为画面的呈现,它是有观众的。而维纳斯的形象,是有意识地展示给观众的。

画家将维纳斯的眼光做了低垂处理,使其停留在画面之外稍远处的地面,因此观众没有受到维纳斯的注视,空间拉开了观者与对象的距离,观者是安全的,因此也有足够的时间来欣赏维纳斯的胴体。这时,观者是旁观者。

裸露的尺度还有更大的,威尼斯画派名家乔尔乔内在 1505 年左右画了《沉睡的维纳斯》。而此画也成为威尼斯画派史上第一幅有名的正面全裸女体画。

乔尔乔内《沉睡的维纳斯》

乔尔乔内设计了一个立意不凡的构图:维纳斯在富有诗意的大自然怀抱里沉睡着。她的脸微微地向右侧转,前额明净光洁,双眉如弓,鼻子笔挺,眼睑温柔下垂,神态安详、明朗。她修长匀称的身体自然而柔美,缓缓地在画面里舒展开,仿佛散发着袅袅的乐音。特别是她放在脑后的右手，使整个身体的曲线有了一个完美的迂回，呈现出女性的形体之美。她柔和圆润的肤色处理简直让人感觉到她的脉搏、气息和生命。

画面的背景也处理得很巧妙，富有浓郁的抒情诗般的意境。背景是幽静的村舍、起伏的小丘、宁静的小树和曲折的小路，整个是田园牧歌式的天堂。而远处的山峦交错重叠，狭长而明静的湖泊辉映着美丽的倒影，淡金色的余晖点缀着傍晚那游动的浮云。

人与景形成了和谐的调子，一切显得十分美妙，而且在协调的微微淡然的暖色层次中柔顺地变幻。维纳斯那诱人的肌肤组成了景与人的色彩交响，仿佛有一曲天籁之音正在轻柔地奏响。睡梦中的维纳斯那恬静的神情就是乐曲温柔的旋律，充分表达了人的幸福和精神的纯洁。

这幅造型优美的全裸女体画呈现的不是淫欲，而是神圣与安详。这种感觉来自哪里？来自微合的双眼。维纳斯将眼睛闭合起来，既不看人，也不看自己。虽然她大部分的身体呈现在观众面前，但这一呈现完全是不做作的舒展，仿佛周围的一切都与她无关，这呈现将观众置于旁观的位置。因为旁观，所以观众体谅了自己的鲁莽，将其视为

偶然的相见,而她眼睛的闭合也使观众获得了凝
视的机会。

即便女性是全裸的,这种观看也与肉欲无关。

4.3.2　裸　像

这个时期还有其他一些形体肥硕的维纳斯,
虽然有肉欲但是也不算很淫秽,这得益于画中的
女性都恰当地收敛了她们的目光,没有面向观者,
因此观者与被观者没有发生关系。但是提香的
《乌尔比诺的维纳斯》却让人有了些不同的感受。

提香《乌尔比诺的维纳斯》

提香所处的年代略晚于乔尔乔内,据说乔尔
乔内的《沉睡的维纳斯》的最后一部分补景是由提
香完成的。在提香为乔尔乔内的《沉睡的维纳斯》
补完天空与景物部分的 28 年后,提香把此种裸女
造型融进了自己的《乌尔比诺的维纳斯》。

在这幅作品中,田园牧歌式的背景不见了,呈现的是当时上层社会家庭的内室,裸体后一道黑色屏幔切割了空间,使观者不自觉地向后张望。内室的地上是一个传统的意大利式的箱子,这一物件被作为结婚的隐喻。箱前的女佣在翻箱倒柜,显然是在寻找什么东西。另一个女仆注视着前者,两个人同样为什么事情忙碌着。

前景中,维纳斯斜躺在居室的床上,似乎是居室的女主人。她修长的身体舒服地展开,一只手遮盖了她的外阴,这一姿态与乔尔乔内的《沉睡的维纳斯》一模一样。但不同的是,她的另一只手支在床头,手里持有一束玫瑰花,眼睛睁开,直视着观众。她的卧榻旁边有一只小狗相伴,而小狗常作为忠贞的象征。

这幅作品的突出特点就在于眼睛的呈现方式。闭眼的维纳斯将自己作为展现的主体,因此她是放松的,没有色情的,而一旦她睁开眼,并且与观众对望,她的地位马上变得主动起来。乌尔比诺的维纳斯很明白自己处于某种关注之下,她回应了观者的注视,同意、期许这种注视,而且她毫不退让,用眼神挑战了观者。由此她的左手也被认为是有特别意义的挑逗。

据说,画中人的原型是威尼斯一位名叫 Angela

del Moro 的交际花,是众所周知的陪伴提香进餐的情妇。这幅作品是乌尔比诺公爵的委托约稿,爵爷将这幅作品送给了他年轻的妻子朱拉诺。因此,这幅作品看上去仿佛是某种富有启发性的"范本"。

马克·吐温在 1880 年写作的《国外的流浪汉》中抨击了这幅作品,认为《乌尔比诺的维纳斯》是一幅下流、卑劣和淫秽但受全世界欢迎的作品。他说:"它在描绘妓院,但是它有可能因为本身太琐碎又华丽而不被接受。"

这不免要让人思考,怎么仅一个眼神的变化就让观看的对象具有了如此不同的定位。伯格说道:"男性有本质上的区别。男人的风度基于他身上的潜在力量。假如这种潜力大而可信,他的风度便能惹人注目;假如这种潜力微不足道,他就会变得很不起眼。这种力量可以是道德的、体格的、气质的、经济的、社会的、性的——但其力量的对象,总是外在的物象。男人的风度,使人联想起他有能力对付你或有能力为你效劳。相反,女人的风度在于表达她对自己的看法,以及界定别人对待她的分寸。她的风度从姿态、声音、见解、表情、服饰、品位和选定的场合上体现出来。实际上,她所做的一切,无一不为她的风度增色。女性的风度是深深扎根于本人的,以至于男性常认为那是发自女性体内的一种热情、气味或香气。"

因此,男性的形象总是外向于人的,是展示型的;而女性则擅长将自己一分为二,一个是作为被观察的本我,一个是作为观察者的外在的我。女孩子在幼年期间就会照镜子,并且做出各种姿态,通过观察镜子里的本我来了解外部观察者眼中的自己的姿态,明确这一姿态会带给人的可能的结果,并在这种结果中调整自己的举手投足。由此我们可以得到一个很隐约的结果,那就是女性习惯于展示自己,无论在公众场所还是私密空间,她的举动都是被设置在有人观察的前提之下的,而且女性更容易通过对观察者的观察,来考察自己的行为。

也就是说,女性更易让自己的裸体成为裸像。

《乌尔比诺的维纳斯》中,女性与观者对视的眼神不是为了对抗或者表示敌意,而是为了让人注意。因此我们认为这眼光带着很明显的挑逗,在这意思之下,她的全身都做了动员,裸体成为裸像,这幅画由此显得神秘。

4.3.3 裸像与裸体的交换

观者还要注意到眼神带来的实际意义。女子以温顺的服从来表示屈从,对视则可以被引申为挑逗,那么这种目光的力度再加强,这时的肉体又有什么样的意义?

马奈的《奥林匹亚》中的女性依然保持了《乌尔比诺的维纳斯》中的姿势,只是略做了调整,但观者却发现观看的愉悦没有了,那种想要去征服的冲动也没有了,马奈展现的女性真正地惊世骇俗了,也真正让人害怕了。

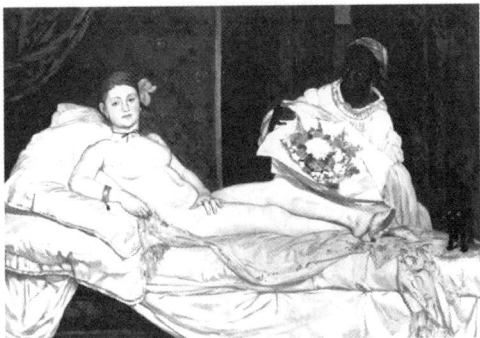

马奈《奥林匹亚》

奥林匹亚是神居住的地方,而画中人就是美神维纳斯。马奈用这一画名动摇了神界的神圣性。

画中人的原型叫默兰,是当时的一名妓女。她的姿势与前几位维纳斯基本相同,身体懒懒地展开,左手很粗鲁地盖住外阴,右手支起上身,上身与下身形成 45 度角。她的头比其他几位美神抬得更高一些,这使得她的目光直直地看向观者,增加了人物硬朗的感觉。

这一美神还不算全裸,她的脖间扎着一根黑带,脚上穿着鞋子,右手戴着珠宝首饰,头边还插着一朵花。她的仆人头面漆黑,隐在黑暗之中,唯有一束花显在光亮中,看来她是来禀报主人有客来访的。而主人仿佛是听到有人来访的消息特地躺下,连鞋也没有脱,就这样僵硬地坐着,冷冷地朝向观众。

她的眼神非常复杂,既有挑逗,又有轻视,还有一些冷漠与不屑。仿佛在说:你看吧,这就是我,我是裸露的,但这与你无关。一只黑色的小猫隐在黑暗中,它是黑暗的精灵,狡猾而且神秘,仿佛是这个女人的复写。女人对客人送来的鲜花不屑一顾,而小猫也没有被打扰,继续舒服地隐在黑暗里。

女人的冷漠告诉观者,这种事情她见多了。客人也已知道,自己没有特权,在这个强硬的女人面前,自己只是观看的对象。在这里,肉体的展露由于女性对抗的眼神而显得空洞,裸像又返回到了裸体。

这幅画出现后,整个画坛都好像被刺痛了,这幅画被迅速封杀,马奈也被迫逃往西班牙。

若干年后,马蒂斯以游戏的态度重新包装了维纳斯。他的《斜躺的裸女》依然保持了文艺复兴时期女性躺倒的姿势。画中的女子支起一腿,撑起一只手,头部奇怪地直竖着,很无辜地看着观众。裸体并不是罪恶,这只是人的本来状态,所以不用过分吃惊。少女般无辜的眼神瓦解了女神的神圣之感,也驱除了色欲,由于空间感的收缩,女性的呈现退缩到装饰画的位置中去了。

马蒂斯《斜躺的裸女》

这些从同一图式深化来的躺姿,只是在眼光的处理中体现出了画作主角的权力,或安详地置于审视之下,或略有挑逗但仍不失庄重,或以直视重建自己的权力。这些都还只是在裸体的框架内呈现的。

而裸像的登峰造极是将肉身折成极不自然的样子自动承担起吸引目光与担负性提示的责任。

不信看看 18 世纪法国新古典主义画家安格尔的《大宫女》吧。《大宫女》描绘的是奥斯曼帝国王室后宫中充当奴隶的女子。与前面的女性躺着的姿势不同,她是转过身去背对着观众的,因此她的性器官都被隐藏了起来,而这种隐藏是为了勾起更强的观看欲,半现的乳房、深深的臀沟、巨大的臀部都在显示着她的性感。她的头用力地转了过来,注视着观者,那温柔的眼眸似乎在留住观者。欧洲人所忌讳的袒露足底、异国情调的头巾和孔雀毛扇子、鸦片烟枪、布幔表现了奥斯曼帝国的东方风情。

安格尔《大宫女》

为了突出女性的体态美,安格尔用了夸张的手法,过长的腰部使人体比例显得非常不协调。评论家德·凯拉特里曾说:"他的这位宫女的背部至少多了三节脊椎骨。"然而安格尔的学生阿莫里·杜

瓦尔却辩解说:"也许正因为这段秀长的腰部才使她如此柔和,能一下子征服观众。假如她的身体比例绝对准确,那就很可能不这样诱人了。"

如果这位学生的话是正确的话,那么宫女背对观者、半掩藏身体与视线的反转正说明了她的居心,她是在非常隐晦地表现色情,观者以为在旁观,但是却非常想偷窥,宫女有效地调整了躯体的姿势,增强了对观众的吸引力。

4.4 总 结

上面谈到的姿势奇怪吗?在现代的图像中见过吗?反拧的身体极不舒服,而半藏的肢体是为了更有表现力地展现自己躯体之美。她的身体扭曲越厉害,就越能引起观看者的欲望。她的眼光越是秋波荡漾,图像就越显得大胆。她的视线已经刺破了画面,朝向她隐喻中的意中人。对了,就是你! 广告喜欢将女性的裸体布置成为裸像,女性面向观者(通常为男性),召唤他的进入与征服。这正与《圣经》里传达的遥相呼应:女性永远臣服于男性,生活在他的目光之中。

5   皮影地狱图像:图像与文本的互补

人类文化在视觉认知与感受的层面区分出了图像与文本两个大类。

文本企图建立起脱离物质存在的抽象意义符号,并且在其中重建拟象。文本系统性因其规则性的建构发展而颇为顺利,文本实践因此成为文明发展与进步的标志。麦克卢汉认为文本的接收使人拓宽了信息接收的距离,而且文本传达的精确性也使得信息在世界范围内的传播不走样。

相反,图像的行进轨迹似乎并不顺利。在历史进程中,对图像的认知似乎并没有得到充分的挖掘。在西方,在叙事性的图像中,图像与文本成为互补性的存在。图像在文化共享的大空间内获得与文本大致一致的理解。同时,围绕图像所采用的文本解释不自觉地使用了修辞学的架构,从而使图像与文本的结合朝艺术形式内容解释的方向发展。

在中国,图像与文本的进展似乎稍微顺利一些。

在上古时期,即出现了介于图画与符号之间的手绘图像,这是"书画同源"的有力证据。虽然后来绘画与文字朝着不同的方向发展,但是依赖于毛笔这一特殊的书画工具,书写的精髓与绘画的极致都带有了抒情与符号的意味。中国的绘画精神也因此与西方的绘画精神有了很大的不同。

从语词的角度而言,中国使用的"图"与"象"并非指向于实像,而是有"有意识地用符号来重建对象形貌"的意思。到晚周时期,"像"从"象"中衍生出来,用于指描摹对象形貌的行为。因此,"象"与"像"涵盖了绘画的技术形态与观念形态。南朝刘宋时期颜延之曾做过一番论述:"图载之意有三,一曰图理,卦象是也;二曰图识,字学是也;三曰图形,绘画是也。"可以说,中国古人对于图的理解,始终游离于具象与抽象之间,图具有写实的、抽象的、符号的及象征的多种含义,指涉面非常广。

实际上,大量山水画虽然取材于自然中的景象,但是画家还是将其作为认识灵性的阐发对象。在中文语境中,苏轼对于诗(文本)与画(图像)所做的文学化的解释具有代表性。他认为"诗中有画""画中有诗",这也是诗画领域追求的终极目标。但毋庸置疑的是,中国对待诗、画的态度依然有很大的差别,文字的尊严就是社会秩序尊严的表现,而对于图像来说,大量文人画是文人心智的物化,而写实性较强的画作则沦落到"论画以似形,见与儿童邻"的地位,大量图像的意义被遮蔽了。

文本与图像互补,图像也对文本做了调整。佛教是擅长用图像说教的宗教,为了让信众理解,强化了艺术的功能。在佛教场所,多有塑像与绘画。地狱的概念是佛教传入中国之后得到强化的。在两汉之前,中国人相信人死后有魂魄,而灵魂会归于幽冥之地泰山,它会继续关注并且介入现世,却不会转生。而佛教的传入使得人们认识到死后居住的幽界会成为生前罪行的审判场,同时成为再次转世的必经之路。地狱是正义实现的终极之地,地狱的意义在于其洞察的无私性与终极审判的严正性,让俗人所犯的一切过错都无法掩藏,并且会让其得到相应的惩罚。

在中国古代民间,能识佛经者不多,这就意味着地狱的图像需要有更贴近民众的表现方式,这就出现了经义与图像的差异。而民间的皮影唱本,则是用言语的方式对图像的内容进行进一步

的印证。本章将介绍在民间的演绎中,图像如何修正了经典的苍白与抽象,而民间文本是如何对图像进行通俗化解释的。正是通过多个回合的转译,经典才得以在民间普及。

5.1 经典的地狱图像描述

5.1.1 文本中的地狱图像

佛教通过对地狱报应的描绘提醒人们在现世行善,地狱图在这一层面上的意义得到了肯定。北凉释昙无谶译《大方等大集经》卷三十一就载有佛与日密菩萨的一段谈话:

> 日密言:"世尊,彼维摩诘即我身也。世尊,我于彼土现白衣像,为诸众生宣说法要,或时现婆罗门像,或刹利像,或毗舍像,或首陀罗像,……畜生像、饿鬼像、地狱像,为调众生故。"

为了教导信众,菩萨以各种变相来显示不同的图景,既有庄严的宝相,也有各种丑恶相。其中,地狱像当为最恐怖血腥的图像。不仅如此,在以直观的图像来警示俗众时,佛籍中还提到了地狱像的位置:

寺中应遍画，然火并洗浴，钵水不蹍叶，连鞋食不应。……给孤长者施园之后，作如是念："若不彩画，便不端严。佛若许者，我欲庄饰。"即往白佛，佛言："随意当画。"闻佛听已，集诸彩色并唤画工。报言："此是彩色，可画寺中。"答曰："从何处作，欲画何物？"报言："我亦未知，当往问佛。"佛言："长者！于门两颊应作执杖药叉；次傍一面作大神通变；又于一面画作五趣生死之轮；檐下画作本生事；佛殿门傍画持鬘药叉；于讲堂处画老宿苾刍，宣扬法要；于食堂处画持饼药叉；于库门傍画执宝药叉；安水堂处画龙持水瓶著妙璎珞，浴室、火堂依《天使经》法式画之，并画少多地狱变。于瞻病堂画《如来像躬自看病》；大小行处画作死尸，形容可畏；若于房内应画白骨髑髅。"

经义中也描述了地狱的景象。《长阿含经·世纪经·地狱品》是中国引入的介绍地狱种种情况的佛教经典。此经中通过释迦牟尼之口告诉众比丘：

此四天下有八千天下围绕其外，又有大海围绕八千天下，又有大金刚山绕大海，金刚山外又有第二大金刚山。二山中间，窈窈冥冥，有日月神天，威力极大，阳光不能照耀此地。此地有八大地狱，每一大地狱都有十六小地狱。第一大地狱名"想"，第二大地狱名"黑绳"，第三名"堆压"，第四名"叫唤"，第五名"大叫唤"，第六名"烧炙"，第七名"大烧炙"，第八名"无间"。

又根据佛教经义，每一地狱之中有小地狱，如"想"地狱中又有十六小地狱，分别为：①黑沙，②沸屎，③五百钉，④饥，⑤渴，⑥铜釜，⑦多铜釜，⑧石磨，⑨脓血，⑩量火，⑪灰河，⑫铁丸，⑬斩斧，⑭豺狼，⑮剑树，⑯寒水。

《正法念处经·地狱品》中对地狱中的受罪描述得很详细，比如杀生者死后会被灌下屎饭，屎中有虫，虫会不断地吃掉他的唇舌内脏肉血，周而复始，令人苦恼至极。其他之处的地狱也有各种酷刑。

5.1.2 地狱变相图

地狱变相图就是以直观的方法来表现佛籍中

有关地狱的图像。"地狱变相"的故事最早源于《盂兰盆经》中记述的"目连救母"的故事。经中叙述目连之母青提夫人在世时为人吝啬,又宰杀牲畜,大肆烹嚼,死后便堕于饿鬼道中。目连始得六通后,想要度化父母以报哺育之恩。目连盛饭奉母,但食物尚未入口便化成火炭,其母不得食。目连哀痛,于是乞求佛陀。佛陀告诉目连,其母罪根深结,非一人之力所能拯救,应仗十方众僧之力方能救赎。于是教他在七月十五僧自恣日,为父母供养十方大德众僧,以此大功德解脱其母饿鬼之苦。于是有了"盂兰盆会"。

对于地狱的呈现,变相图与佛教经义中的并不完全一致。

唐代时,有吴道子善作《地狱变相图》。《唐朝名画录》记载,其书作者曾听景云寺老僧传说,吴道子将此画给屠夫渔夫看了之后,他们都害怕自己的罪孽太大,所以结束了营生。吴道子到底画了什么呢?后来北宋的著名学者黄伯思在《东观余论》中有详细介绍:"吴道玄作此画,视今寺刹所图,殊弗同。了无刀林、沸镬、牛头、阿房之像,而变状阴惨,使观者腋汗毛耸,不寒而栗。因之迁善远罪者众矣。孰谓丹青末技欤!"由此可见,当时一般的图式是画了刀山油锅的场面、牛头马面的

鬼怪,而吴道子却使画面显现出"阴惨"之气,让人毛骨悚然。

5.2 地狱图像描述

5.2.1 唱本中的地狱:局外者的清醒

皮影是民间艺术的活化石,千百年来,皮影的演出深入民间,起到了教化百姓、娱乐群众、联络感情及丰富生活的作用。

百姓的想象力是有限的,他们习惯于按照人世间的政府阵容来想象阴间的司法审判。世俗中城隍庙的布局,是以城隍为阴间的最高长官,其庙堂布置也完全按照世俗的配置进行。这一长官,通常也称为"阎罗",或"十殿阎罗"。

宋代以后传播甚广的《玉历宝钞》中录有阎罗图像,其书历代版本不同,图像也不一。笔者所见的民国石印版本中所带的图录介绍如下:

一殿秦广王审判,照孽镜以观罪行;

二殿楚江王审判,下施行挖肠之刑;

三殿宋帝王审判,下施行车碾之刑;

四殿五官王审判,下施行血盆之刑;

五殿阎罗王审判,下施行剑树之刑;

六殿卞成王审判,下施行斩砍之刑;

七殿泰山王审判,下施行油锅之刑;

八殿都市王（与敦煌画中不同，后者为平等王）审判，下施行刀锯之刑；

九殿平等王审判，下施行炮烙分体之刑；

十殿五道转轮王审判，保领受不同业道投生。

在民间想象中，罪人要经过审判才能被决定命运。出于唱本情节与展现的需要，地狱的展现被设计为局外人的游历。在此类唱本中，《唐王游地狱》和《刘全献瓜》是两个流传颇广的剧本。

这两则故事讲的是泾河龙王与袁天罡争胜，违背天意，改时辰降下大雨。其因违背天条被判处斩。玉帝派魏徵斩龙王，龙王得袁天罡的主意，求唐王救命。唐王应允。第二天，到了魏徵监斩时辰，唐王便请魏徵下棋，以便拖住魏徵不让他有时间监斩。但是下棋时魏徵睡意上来，伏案睡去。唐王待其睡醒，告之下棋的原委。魏徵跪奏唐王说自己睡觉时灵魂已到阴间监斩龙王。龙王被斩后，灵魂不散，迁怒于唐王失信，遂下阴间状告唐王。阎王即召唐王前来询问。唐王惊恐，问计于诸臣。魏徵修书给地府的判官崔珏，为唐王求情。到了地府，阎王查生死簿，同时让童子与崔珏等引唐王游地狱。游完地狱之后，因查唐王阳寿未尽，所以又将唐王送回人间。临走时，唐王见地狱无北瓜，所以许诺回阳

后遣人来献瓜。

唐王送瓜的皇榜贴出去不久后就有人揭了，这个人自愿前往阴曹地府，他就是刘全。刘全自愿赴死是有原因的。他与妻子李翠莲非常恩爱。有一日，刘全下田干活归来，发现妻子的插发金钗不见了。问及此事，妻子说是被一个游方道士化缘化去了。刘全有些心痛，还有些怀疑，出语也就重了一些，言语过头了一点。没想到李翠莲一时想不开，趁刘全下地干活的时候，在家中寻了短见，悬梁自缢。刘全觉得自己对不起妻子，遂决心到地府去陪伴她。唐王许诺会抚养刘全的一双儿女，让其从容赴死。刘全到地府献瓜后，阎罗王见唐王如此守信，既感动又不安，心想这不是又逼死一条人命吗？一查生死簿得知刘全阳寿真的未到，便仔细盘问刘全，才得知事情缘由，阎王为之感动，决定送夫妻二人回阳。

现河西流传的《唐王游地狱》宝卷中的唐王的游历过程如下：

第一层金雷狱，第二层木雷狱，第三层水雷狱，第四层火雷狱，第五层土雷狱，第六层风雷狱，第七层刀山狱，第八层遇盆狱，第九层油锅狱，第十层昆护狱，第十一层拔舌狱，第十二层剜眼狱，第十三层铁床狱，第十四层磨眼狱，第十五层锯截狱,第十六层血池狱,第十七层抽肠狱,第十八层割鼻狱,然后到了六道轮回,再到铁板城(枉死城),后见十殿阎君。

宝卷对十八层地狱都有明确的描述,但是名目与佛教中的均有不同。

皮影戏唱本则采取了合并与选择的方式,选择了更具有视觉表现力的场景。比如大通皮影戏《唐王游地狱》中讲唐王及功曹共游地府的情形,第一个场景中就有奈何桥下浸污血、解体锯身、拔舌上刀山之刑,第二个场景中有大斗小秤之刑与碾舂之刑,第三个场景中有被蛇噬与拔舌之刑,第四个场景中有下油锅与斫头之刑。

环县道情皮影戏《游地狱》中刘全奉唐王之命献瓜,来到地狱,先到倒吊之处,第二到了倒磨之处,第三到了拔舌之处,第四到了抽肠倒肚之处,第五到了下油锅之处,第六到了解体分身之处,第七到了刀山狱,第八到了倒对之狱,第九到了枉死城与妻李翠莲相见。

甘肃皮影戏《游地狱》中讲刘全前往地狱献瓜,从而游历地狱,看到地狱中的酷刑,依次是大斗小秤之刑、倒扎磨眼(研)之刑、拔舌之刑、抽肠倒肚之刑、下油锅之刑、解体分身之刑、刀山之刑、倒对(碓砸)之刑,最后到了枉死之城,

见到妻子李翠莲。

可见皮影戏的唱本里更注重的是血腥场面的陈述，以局外人的身份游历让主人公具有了旁观者的公正性与客观性，并能从他的立场来表达基本的观点。比如大通皮影戏《唐王游地狱》中有三个主要人物：判官、唐王、功曹。面对每一个场景，判官都以道白的方式介绍受刑的苦状、罪行的名称，然后功曹一一发出感叹，重复罪人的罪恶，劝告世人要从善。从文本的展开方式来说，宝卷的描述比皮影戏戏文要简单，主要是用陈述性的语言来讲地狱中的刑罚，而皮影戏则可以从第三者的视角来描述、介绍甚至评价地狱。

为了对地狱文本进行多角度的观照，这里再从亲历者的角度来分析。《聊斋》中也有多篇故事提及地狱，并描述了具体的地狱体验。比如《席方平》一文，讲席方平到地狱为父亲申冤，地府阎君受了贿赂，对席方平施以酷刑。文中写道：

俄有皂衣人唤入。升堂，见冥王有怒色，不容置词，命笞二十。席厉声问："小人何罪？"冥王漠若不闻。席受笞，喊曰："受笞允当，谁教我无钱耶！"冥王益怒，命置火床。两鬼掠席下，见东墀有铁床,炽火其下,床面通赤。鬼脱席衣,搁置其上,反复揉捺之。痛极,骨肉焦黑,苦不得死。约一时许,鬼曰:"可矣。"遂扶起,促使下床着衣,犹幸跛而能行。复至堂上,冥王问:"敢再讼乎?"席曰:"大冤未伸,寸心不死,若言不讼,是欺王也。必讼!"又问:"讼何词?"席曰:"身所受者,皆言之耳。"冥王又怒,命以锯解其体。二鬼拉去,见立木,高八九尺许,有木板二,仰置其下,上下凝血模糊。方将就缚,忽堂上大呼"席某",二鬼即复押回。冥王又问:"尚敢讼否?"答曰:"必讼!"冥王命捉去速解。既下,鬼乃以二板夹席,缚木上。锯方下,觉顶脑渐辟,痛不可禁,顾亦忍而不号。闻鬼曰:"壮哉此汉!"锯隆隆然寻至胸下。又闻一鬼云:"此人大孝无辜,锯令稍偏,勿损其心。"遂觉锯锋曲折而下,其痛倍苦。俄顷,半身辟矣。板解,两身俱仆。鬼上堂大声以报。堂上传呼,令合身来见。二鬼即推令复合,曳使行。席觉锯缝一道,痛欲复裂,半步而踣。

这段文字详细写了铁床之刑与锯解之刑的感受,描述了席方平所承受的痛不欲生、死去活来的肉体痛苦感。威慑性的艺术在这里变成了体验性的艺术,惩戒变成了承受。

这里我们区分出两种艺术形式:一种是亲历型的地狱体验,一种是游历型的地狱体验。基于教导的需要,观者需要设置道德的优越感,即通过观看酷刑带来的对罪恶的批判,来拉开自己与可能犯下罪行之间的距离,从而提升自己所站立的善的角度,获得安全性,并且相信地狱的黑暗审判的公正性。游历地狱带来了灵魂的净化,地狱戏由此展现了庄严的警示作用。

5.2.2　地狱挂片:世俗化与煽情性

对照佛籍中对地狱的描述,可以得到的结论是,民间图像将地狱世俗化、刑罚直观化、体悟真实化了。佛籍中暗红的天空,铜汁与烈焰腾空的景象,以及刀山剑树的恐怖环境已经转换为具体的刑罚。但在具体的图像中,每一殿每一个地狱对应的刑罚也并不一致,这多出于随意化的描绘。皮影戏表现的地狱酷刑显然有更多对现世的写照,而且罪名也有更多的现实对照性。这些罪行与《玉历宝钞》中的罪名和所受刑罚的对应相近。

地狱审判兼具法律与道德审判,既设置了法律底线,也设置了道德底线。环县道情皮影戏中的地狱一般有以下几类。

秤杆狱:凡在阳世买卖不公、缺斤短两、欺蒙哄骗者,死后被打入此狱。

磨挨狱:凡在阳世间浪费粮食、糟蹋五谷者,死后被打入此狱。

剥皮狱:为人不正、无赖、欠债不还者,死后打入此狱。

碓捣狱:在阳世时不守妇道、卖淫为娼者,死后被打入此狱。

油锅狱:偷盗抢劫、欺善凌弱、拐骗妇女儿童、诬告诽谤他人、霸占他人财产及妻室者,死后被打入此狱。

屠宰狱:凡在世之人,随意屠宰耕畜者,死后被打入此狱。

抽肠狱:凡在世之人,虐待公婆、折磨前夫儿女者,死后被打入此狱。

刀山狱:凡亵渎神灵者,死后被打入此狱。

拔舌狱:凡在世时打庄骂舍、顶公骂婆、挑拨离间、诽谤他人、油嘴滑舌、巧言相辩、说白道谎者,死后被打入此狱。

分身狱:凡在阳世间霸占他人妻女者及寡妇再嫁者,死后被打入此狱。

孽镜狱:凡在阳世间骗他人钱财、言不符实、宰杀耕牛者,而且背上牛头不认赃者,死后被打入此狱。

火柱狱:凡在阳世间为毁灭罪证放火杀人者,死后被打入此狱。

《唐王游地狱》中的罪行与相应堕入的地狱是:

金雷狱,是那些游荡子及以邪术害人者所处的;

木雷狱,是不信僧佛的人所处的;

水雷狱,是习惯于咒骂别人与自杀身亡的人所处的;

火雷狱,是犯忤逆之罪的人所处的;

土雷狱,是横行图财的人所处的;

风雷狱,是走旁门左道、胡作非为的人所处的;

刀山狱,是杀生罪人所处的;

遇盆狱,是浪费粮食的人所处的;

油锅狱,是那些大斗小秤的奸商所处的;

昆护狱,是巧言害人者所处的;

拔舌狱,是搬弄是非者所处的;

剜眼狱,是对长辈不尊敬者所处的;

铁床狱，是通奸害夫者所处的；

磨眼狱，是调唆是非者所处的；

锯截狱，是破坏婚姻者所处的；

血池狱，是身上不净者所处的；

抽肠狱，是折磨子孙者所处的；

割鼻狱，是不敬天地者所处的。

同一罪行，在不同的戏曲中，所受的刑罚不一，而同一地狱，也针对不同的罪人有不同的刑罚，试摘录几种做比较：

	环县道情皮影戏	《唐王游地狱》宝卷
缺斤短两	秤杆狱	油锅狱
浪费粮食	磨挨狱	遇盆狱
亵渎神灵	刀山狱	割鼻狱

皮影戏地狱挂片中，对刑罚的表现更为通俗形象，更能一一对应地运用于现实生活。陈述的特征具有合理联想的倾向，比如：乱嚼舌根，是拔去舌头；而缺斤短两，则直接悬于铁钩之上。这是同态复仇的延伸，属于低级的审判方式。又像六道轮回，《唐王游地狱》宝卷描述为"上有阴云罩定，下有轮回翻转"，而在皮影戏中则以车轮来替代，这也表明了皮影戏是更为通俗化的表现方式。

下油锅之刑　　　　拔舌之刑　　　　捣舌之刑

如果将地狱挂片视作一种"威慑艺术",那么它必须先营造出某种文化空间。在这一空间里,这种可怕的折磨被视为随时可能降临的潜在危险,从而让人们警惕并且躲避这种危险。这种警告存在的前提是:

①相信这种惩罚是存在的并且是合乎道义的;

②相信这种惩罚是有可操作性的;

③相信这种惩罚是有价值的和具有警示性的。

比起地狱壁画与地狱雕塑,地狱的挂片显然缺乏令人"进入"的过程与能力,它不能再创造一个神灵空间,让观众在视觉上酝酿足够的心理准备去接受这种血腥的教育。但是地狱挂片的优越性是可以配以说唱,可以以挂片的重置与变换来更换场景,以便更加动态地展现地狱面貌,更加迅速与主动地把握观众的心理走向。

5.3　图式特征及对佛籍文本的修正

在民间的地狱图像中,从敦煌十王经卷到地狱变相图像,从以阎罗为主的地狱主宰到地藏菩萨的并肩审理,形成了一个立体的多角度的阴间。大量文本描述了神佛的教诲、地狱的审判及其与人间的互动,表达了罪与罚、救赎与拯救的主题。而地狱图像则是以十王审判与六道轮回两大图式为主,穿插了受刑的子题。皮影戏中地狱挂片对地狱的阐释以局部和片面式呈现为多,添加了一些道具,而相对完整的场景不多见,主题也实行了相对的转移。

5.3.1　六道轮回的图式

六道轮回的说法来自佛教原型图式"曼陀罗",曼陀罗是梵文 Mandala 的音译,它是密教传统的修持能量的中心。依照曼陀罗的各种含意,它就是宗教为了描述或代表其宇宙模型,或显现其所见之宇宙的真实,用以表达万象森列、内摄禅圆的宇宙真实状态。曼陀罗图式的最基本形式为正圆,代表宇宙全方位万物各归其位、圆满真实的状态。佛教中的六道轮回继承了曼陀罗图式的意象,将世界设想为六个不同的空间,生命在其中轮

回不息,意为生命的循环和流转等:芸芸众生的灵魂都在它生前或善或恶的业力支配下,在六道(天、人、阿修罗、畜生、饿鬼和地狱)和四生(胎生、卵生、化生、湿生)中生死循环,如车轮回旋不已,无休无止。六道分为三善道(天、人、阿修罗)和三恶道(畜生、饿鬼、地狱),每道都有不同程度的痛苦。佛教修行的目的就是脱离或超越六道轮回之苦,达到涅槃的境界。根据佛教的因果报应说和生死轮回理论,死亡并不是生命的结束,而是转化为另一种生命的开始。芸芸众生依其前世的善恶业力,转化为不同形态。如果做善事,那么就会转化为高一级的生命形态;如果作恶,就会转化为低一级的生命形态。如果作恶太多,就会被打入十八层地狱,永世不得超生。大足石刻的曼陀罗图像及《玉历宝钞》的六道轮回图像,正中是一个圆盘,从圆周发射出来的六道曲弧将圆割成六个部分,象征了六轮中的不同道。

而四川皮影戏的地狱挂片则完全取其"轮"的意思,将轮回的"轮"想象成风火轮、转轮,置于城门之上,而从城门中被驱赶出来的,是沦为畜生的男女,象征着恶行所造成的后果。无独有偶,在孝义的地狱挂片中,六道也由一个置于城门之上的车轮来表现。封闭的城里旋出一个个灵魂,通过

转法轮

轮转的扇动,分别变成了牛、羊、象、蛇等形象。虽然有六道,但是没有天、人、阿修罗之道,而是强调了胎生、卵生、化生、湿生中的轮回。这种选择性与比喻性的表现,更加俚俗好懂,强调了罪孽的深重与无法逆转的命运。

5.3.2　业簿、业秤与照孽镜

业簿、业秤与照孽镜在佛籍中是地狱重要的标志性道具,也有不同的意义。

敦煌出土的《佛说十王经》说:"五官业秤向空悬,左右双童业簿全;转重岂由情所愿,低昂自认昔因缘。"业簿、业秤是考量死者生前恶行的依据。唐代沙门惠详(或作慧祥)所做的《弘赞法华传》

(卷九)中对业秤有较详细的描述:"刘时,雍州万年县平康坊人。永隆二年六月患,经二日致死。死经六日,唯心上煖。其家已择殡日,未敢袭敛。至七日平旦,忽然再苏云:当时,被一人引入大城,宫殿楼观,壮丽异常。见阎罗王,云:'汝可具录生时功德。'遂答云:'生时唯读《法华经》两卷,更无别功德。'王遂索罪案,及业秤秤之,《法华》两卷乃重于罪案。王捡案云:'其人合得九十年活。'谓案典曰:'汝何以错追?大罪过。可放他还。'因令得活。"

在诸教合流的民间信仰之中,业秤也是道教中用以考量死者生前行为的重要依据。同时,秤也包含了招魂的含义。业秤的设置有不同说法,分别记录在第四殿五官王殿、第五殿阎罗王殿、第六殿卞成王殿或者第九殿平等王殿之中,在不同体系的记录中殿王与殿名的次序也有所不同,但业秤的大致作用是相同的。

而在皮影戏图像中,业秤也是刑罚的方式之一。旧抄本《观音游地狱宝卷》载:"公主移步向前走,秤杆地狱面前存。罪鬼只拉秤杆上,钓在背心上秤秤。秤得鲜血时时放,远看好像一只小猢狲。公主又问童子:'秤杆地狱前生作何冤孽?'童子答曰:'活在阳间有子家当算计穷人。穷人倘然要借点奢(啥),恨勿得摘在别人背心上秤,故到阴司此苦报也.'"据姜守诚对历代业秤的图像学考证得出的结论,秤的形制有钩状、碟状与系绳三类,其中钩类直接用作刑具,如大足石刻。而桶状或者碟状则以等臂式的天平为主要秤具形制,称量的对象是罪人。皮影戏地狱挂片中的秤显然不是天平秤,而是不等臂的一端加钩的吊秤。使用时直接将罪人悬于空中,另一侧则由鬼卒拉动,吊钩直接插入后背,罪人鲜血淋漓。图像中罪人面前放置的是斗盆,暗示罪人生前犯了大斗小秤的恶行。由秤杆的公平来暗示地狱审判的缜密与公正,这在皮影戏图像中被演绎为直接的刑罚。

奸商大斗小秤

业镜是对死者生前行为的反映。《佛说十王经》中称:"破斋毁戒煞猪鸡,业镜照然报不虚;若造此经兼画像,阎王判放罪消除。五七阎王息诤声,罪人心恨未甘情;策发仰头看业镜,始知先世事分明。"业镜使用的环节要晚于业簿与业秤。五官王以业秤称量罪人罪孽的轻重之后定罪,再送到阎罗王处。罪人被定罪后,经常会有所不服,心有不甘,于是阎罗王就会用业镜让他们观看自己所造的罪孽。业秤与业镜的存在,表明了地狱审判程序的严密与公正。北宋绘画评鉴家董逌认为佛教业镜不是真有实物高悬,而只是一种意象:

> 此图本出讼习交喧,求以验罪实而发覆藏者也。镜光空出,受形种种,若杀、若盗、淫欲、欺诬,凡匿饰隐蔽,能使入不窥者,于此得之。昔贾奕鼓刀、赵业负门、当司命过人时,巨镜径丈,虚悬空中,此但身中业对,发为光耀。画者不知,谓真设镜者,误也。范宏父曰:使罪恶有记,则无所事察,如镜光照处,果无遁形,则何用更逮未尽者下对验狱邪?曰:常二习相陈,故有鉴见照烛,如于日中不能藏形,则有恶友、业镜,披露宿业,

非对验时，二习不见，相于光中，治一不
二，岂复有形象者哉？则以对者见于影
事，故不能不因习以假矣！

镜在中国文化中不仅意味着实体世界的重
现，还具有审视及评判的功能。陈登武认为业镜
体现了中国法文化的特征，既有儒家借鉴的意味，
也吸收了道家照妖的功能，所以成为一种强大的
法制精神象征。皮影戏中地狱审判的重要步骤是
照孽镜，其有着不可辩解的实在性。通过观照，罪
行得到展现，审判的公正性才能实现。

这几项重要的道具并不是皮影戏地狱挂片着
重强调的，有的很少出现，比如照孽镜；有的出现
了，但也只是作为一种刑罚，比如业秤。这些道
具被忽略说明了佛籍中缜密地推断罪人罪行的
过程并不是皮影戏所要强调的，皮影戏强调的是
罪的本身及罪的后果。因此，皮影戏地狱挂片对
佛籍地狱中救赎与希望的主题进行了更移，它揭
示了地狱令人敬畏的一面，竭力显示了地狱恐怖
的场景。地狱苦难被放大，罪人入地狱后在逻辑
上没有重返人间的可能性，因此皮影戏将地狱的
警示意义放到了最大。

5.3.3　受刑的图式

地狱挂片强调的是受刑的场面,图式的构成主要是施刑者、受刑者与刑具。施刑者主要是鬼卒,他们外表狰狞,相貌粗陋,没有任何同情心。受刑者是世间有罪的男女,他们赤裸身体,虽然大声哭喊但是无济于事,只能忍受这样的命运。刑具与世间的官府刑具有相通的地方,比如枷锁、铁链,但多数还是从民间生活场景中搬来的更具普遍意义的农具,比如石磨、铁锅、杆秤、石臼等。刑具的性质对应了受众是普通民众。图式中鬼卒的力量被放大了,而罪人的力量几乎被剥夺,地狱中不存在可能被质疑的冤屈,罪人也没有反抗的可能。在地狱强大而广阔的场景里,芸芸众生是可以被随意摆弄和处置的对象,而唯一躲避的方法就是避免进入。避免进入的方式就是遵循唱词中的教导,不要逾越雷池。

地狱挂片故意使十王审判的图式隐退,将受刑的图式夸大。而地狱图像的表现,更有着一致的选择:越能与民众生活联系起来的场景,就越能进行具象表现,也就越具有被诠释的可能性。因此,几种刑罚被突显了出来,比如石磨臼捣、大斗小秤、拔舌抽肠等。一些常见于民间的生活道具

使观看者能够马上猜出刑罚的内涵。这一图式在
《十王图》中得到了相似的体现。

[南宋]明州金处士绘《十王图》,现藏于美国大都会美术馆

　　综上所述,在皮影地狱图像中,审的场面转换
给了罚的场景。没有强调地狱审判的程序与规则,
而是直接展示罪与罚的场面。刑罚的模式如同同
态复仇的延伸,比如折磨前夫子女将受石磨之刑,
搬弄是非则受拔舌之苦,而缺斤短两则直接受挂钩
之难等——这些场面促使观者对现世进行反省。

5.4　皮影戏中地狱图像的思维特征

　　皮影戏中的地狱挂片在结构上的平行体现,

表现出章节化文本的特征,通过一环又一环的图像对地狱中的刑罚进行描写,在量的程度上加强民众对刑罚的恐惧感,同时将民众引向对生存正理的理解。

5.4.1 含混的法制观念

对地狱的描述无疑是虚指地狱,泛指罪恶惩罚。由于宗教深奥的教义让人难以理解,所以如果想让普通百姓得到教育,这种教育必须更加直接化、简易化与通俗化。可行的方法之一就是将文本的阅读体验转化为图像的观看体验。佛教就是以图像来传播教义的宗教。自佛教传入中国本土之后,配合教义,出现了大量宗教绘画。地狱变相的基础是宗教的教义,因此其宽泛性明显大于法律的内涵。对地狱刑罚的诠释中显示出因果报应不爽的阴骘观念,将更多的伦理内容加入法制内容之中,造成了道德与法制界线的模糊,所以罪与非罪统一成为善与恶的判断,法与德在这里是混杂在一起的。对地狱的信仰是建立在对地藏王崇拜的基础之上的,这是对民众善性的宣扬,它提倡超越法律界限的社会公德与伦理公德,所以与现世生活的法律审判不同,它更为宽泛与深远,触及灵魂的拷问。在目连戏中更是通过生者的救赎来拯救逝者，超越世俗之爱乃至狭窄人性进而达到大爱。

同时，在民间观念中，地狱观念又是与善书教条结合在一起的。善书是一种为劝善惩恶而记录民众道德及有关事例、话语，且在民间流通的通俗读物。同时，它也是一种儒、佛、道三教共通又混合了民间信仰的规劝人们实践道德的书。因此，地狱中体现的并不是罪与罚的对应，而是善与恶的对立。

5.4.2 威慑力与宣传力

地狱挂片中鲜见形象清秀的正面人物，所有的人物造型包括罪人与鬼卒都非常丑陋，同时地狱的惩罚又表露着令人恐怖的一面。图像正是通过对丑陋的刻画，对恐怖场景的渲染，从而引起观看者的心理不适，为其加上道德的禁忌，以此避免这种恐怖场面的产生。与其说这是审美作用的结果，不如说是威慑作用的结果。

为了让民众能够始终处于被教育的地位，必须让其时刻充斥着一种原罪感，让其始终处于清醒的赎罪心理之中。皮影戏面对的是广大百姓，所以它在图像展示过程中设置了故事展开与道德说教两套文本，故事中的主角是地狱场景的旁观

者，也是评价者，他始终在地狱之中又在地狱之外，因此皮影戏地狱图像的展示有图解的功用而非情节展开的主轴依据。这种叙事方式避免了观众过分投入戏剧的内容中，从而抵制了暴力审美的发生。而受到暴力威胁产生的恐怖与对暴力的欣赏之间并没有明显的界线。因为我们在文献记录中看到，在真人目连戏的演出中，由于地狱表现的火焰及冰山采用了夸张和变幻莫测的场景，产生了震撼人心的图像效果，往往引来观众的喝彩。于是对地狱的感受转而成为对地狱的审美，人的攻击性本能重新被激发出来，地狱的罪恶减弱了，对地狱的恐惧也被削减了。

作为对民众教育的一种形式，皮影戏很好地把握了艺术与宣传之间的比例，它的地狱图像限制了形式美学的过分表现，没有把美学选择和道德判断的权力交给观看者。它以一种丑陋的观看图像牢牢地锁住观看者的心理波动，使其不能挣脱被教诲、被传达的地位。图像中出现的"刀林、沸镬、牛头、阿旁之像"提示了威胁的存在。《东观余论》记载吴道子的代表作《地狱变相图》时说："视今寺刹所图，殊弗同。了无刀林、沸镬、牛头、阿旁之像，而变状阴惨，使观者腋汗毛耸，不寒而栗。"这说明吴道子所画的地狱图更为抽象，能触及灵魂,使观者的灵魂为之战栗,却不会由此成为审美。

5.4.3 刑罚与性别

理论上,地狱的受刑者是一切有罪的人。但是在皮影戏地狱图像中,男性与女性出现的比例还是稍有差别的。在上述碓捣之刑、吊钩之刑及抽肠之刑中明显出现的都是女性形象,尤其是胸前着重刻画的下垂的乳房,明显地突出了其性别。如果我们将地狱中的男性罪人以猥琐来形容,那么女性的形象多显得丑陋。从文本的角度来看,妇女受地狱之刑的可能性比男性要大得多。以环县皮影戏中所述的地狱之刑来分析,共有两种罪行:一种是普适性的罪行,即不分男女均会触犯;另一种是专指性的罪行,尤其指向女性。比如铁床狱,是通奸害夫者接受刑罚的地方;抽肠狱,是折磨子孙者,特别是虐待前夫子女者接受刑罚的地方;污池狱,是不洁的女性的地狱。而另有一些地狱的罪过,女性的犯罪可能性也高于男性,比如磨眼狱是调唆是非者所处的地狱;水雷狱,是给习惯于咒骂别人与自杀身亡的人所处的地狱;等等。

这就令人想到图像上持性别论者的言辞。图像是以男性的眼光建构的,在图像中男性具有统

治与权威的地位,而女性处于弱势。然而,这一论调用于皮影戏的图像建构也不完全合理。因为男女凡俗均是弱势的对象,他们在受审判这一点上面临共同的命运,并且结为同盟。但是图像还是无法抹杀男性眼光的痕迹,这里引入的参照是地狱的鬼卒,包括牛头马面。鬼卒的性别在一般书中没有体现,基本上处于无性。无性别特征表明这组人物缺乏凡俗的思维特征与心理惯性。一个鲜明的例子就是孙悟空不近女色,在看到如花似玉的女子时他没有被对方的花容月貌所吸引,反而一眼看穿对方的妖精本质。这种结果产生的基础就是孙悟空的无性本质。下图这一组地狱鬼卒形象采用了通常的刻画方法,符合民间对鬼卒的描述,而从其裸身中却可以看到男性的特征:肌肉发达、身体强健。可见艺人是将其作为男性刻画的。而从文本角度我们可以知道地狱中权力机构的成员大多数是男性,从地狱的审判到地狱的"防逻人"牛头与马面。牛头与马面都是地狱的巡隶,牛头又叫阿傍、阿防、防旁。据《铁城泥犁经》说,牛头"于世间为人时,不孝父母",死后变为鬼卒,牛头人身。《五苦章句经》说:"狱卒名阿傍。牛头人手,两脚牛蹄,力壮排山,持钢铁钗。"《通俗编》引《冥祥记》称:"宋何澹之得病,见一鬼,形甚长壮,牛头人身,手持铁叉。沙门慧义曰:'此牛头阿旁也。'"马面又叫马头罗刹,"罗刹"为恶鬼,故马头罗刹即马头鬼,形象为马头人身。《楞严经》卷八称:"亡者神识,见大铁城,火蛇火狗,虎狼狮子,牛头狱卒,马头罗刹,手持枪矛,驱入城内,向无间狱。"地狱的权力机构是人间权力机构的仿写。

鬼 卒

在地狱中唯一的女性掌权者是孟婆。《玉历至宝钞·玉历之缘起》详载其事:"孟婆神,生于前汉,幼读儒书,壮诵佛经。凡有过去之事不思,未来之事不想,在世唯劝人戒杀吃素。年至81岁,鹤发童颜,终是处女。只知自己姓孟,故人皆称之'孟婆娘娘'或'孟婆阿奶'。入山修真,直至后汉。世人有知前世因者,妄认前生眷属,好行智术,露泄阴机。是以上天敕命孟氏女为幽冥之神,造筑醯忘一台,准选鬼吏使唤。将十殿拟定发往何地为人之鬼魂,用采取世俗之物,合成似酒之汤,分以甘、苦、辛、酸、咸五味。诸魂转世,派饮此汤,使忘前生各事。……如有刁狡鬼魂,不肯饮吞此汤者,脚下现出钩刀绊住,上以铜管刺喉,受痛灌吞。"孟婆虽为女性,但不能算是完整的女性。处女与处子,在道教中是守"元"的表征。如《庄子》中描述的藐姑射之神,"肌肤若冰雪,绰约若处子"即是这种意思的表达。中国民间信仰中不少女神都是官运亨通、守身如玉的处女,如妈祖娘娘、何仙姑等。女性只有守元才能修成正果,这对女性提出了性的禁忌,而对男性的约束则要少得多。孟婆在地狱中的职责是让罪人忘记前世,重新开始。这里我们将孟婆与另一位"造人"的大神女娲进行对比。作为创人的始祖,女娲的功绩还在于修天补地,将被男性神灵破坏的天地恢复原貌,也就是将世界拉回到有序的平衡之中;而孟婆的功绩也在于将失败的人生重新拉回到起点。相对于创造与破坏的强劲作用,这是一种柔性的力量,它趋向于平衡、原始及平静。地狱的权力机构是人间的仿写,地狱中最后的把关者承担的只是修复与遗忘的职责,男性的权力远远大于女性,而女性则处于卑微低下的地位。地狱的描绘还是体现了男性的眼光。

5.5　总　结

　　皮影戏中的地狱图像与水陆画、宗教壁画及雕塑的相关作品一起,表达了民众的地狱信仰。但是皮影戏中的地狱图像为了符合演出的需要,进行了图式的变化与转移。它通过对地狱场景的展示,以及历游式的介绍,牢牢地将民众锁定在受教育的地位之上,并且限定了想象的范围,使得图像成为说教的有力辅助。

6 虚拟现实:电子媒介的陷阱

电脑技术发展到现在,让人既喜又忧。在对电子媒介进行反思的西方学者中,有对电子媒介进行礼赞的学者,比如尼葛洛庞帝、麦克卢汉(中后期)等,其中尼葛洛庞帝的《数字化生存》为现代人所津津乐道,他所预言的电子技术在今天已经成为现实。而麦克卢汉则欢迎在电子媒介时代人能回到完整的全面的人的状态。当然也有对电子文化持批判态度的,比如芒福德(后期)、阿多诺、波兹曼(中后期)等。芒福德指出电力延伸并强化了机器的意识形态,是古代王者机器的翻版,电子文化对人类的影响是将主体性建构在理性自律个体的模式之外,重构了一个多重的、撒播的和去中心化的主体,人必须重拾理性。而波兹曼可以算是态度最为悲观的一个,其著名的作品如《娱乐至死》《童年的消逝》《技术垄断》都是对电子时代媒介的反思。

6.1 娱乐至死：波兹曼的电子媒介批判

从传播角度来看，与研究媒介的伊尼斯、麦克卢汉一样，波兹曼也同样注重媒介的方式。这几位都持有"媒介影响论"观点。伊尼斯在其《传播的偏向》中指出，媒介的偏向及其强大影响不等于媒介能够加速、促进或推动复杂的社会进程。传播技术的变化无一例外地产生了三种结果：改变了人的兴趣结构（人们所考虑的事情）、符号的类型（人用以思维的工具），以及社区的本质（思想起源的地方）。麦克卢汉指出："媒介即信息。"电子媒介是人类中枢神经系统的延伸，它把人重新整合成一个统一的有机体，实现了感官的融合和平衡。因此，电子媒介时代的人是一个更高层次的全面发展的人。波兹曼则走得更远，他认为"媒介即隐喻"，作为一种理解方式，隐喻能够让人从已知事物的结构与形式来推知未成形的事物，因此所知事物的特质与倾向性便具有了决定性的影响力。波兹曼指出，媒介的形式偏好某些特殊的内容，从而能最终控制文化。在人们迈向电子时代的时候，没有注意到的是电视这一媒介以其特有的方式筛选了内容，使得一些适于电视展现的内容进入了大众的视野，比如电视讲堂、电视征婚、电视广

告、电视选秀等,正是这种技术、媒介传播的方式,如同河床一样决定了河水的容量与河流的走向。

在对媒介进行评价时,麦克卢汉的态度更为平和一些。他不对媒介做出价值评价,因为"价值判断可能会堵塞我们的道路,使我们不能准确理解正在发生的事情"。波兹曼与伊尼斯一样对电子媒介持否定态度。伊尼斯认为以视觉为本位的传播产生了垄断,这种垄断强调个人主义,随后又突出了非稳定性。"它造成了民主、新闻自由和言论自由等标语口号的幻觉。"波兹曼从印刷文字的优势中体验了严谨、清晰、逻辑化的表述给人们带来的好处。出于对冗赘信息的反感,以及对单纯格调的依恋,他怀念着印刷媒介。"随着印刷术退至我们文化的边缘以及电视占据了文化的中心,公众话语的严肃性、明确性和价值都出现了危险的退步",这是他所感到的危机:以电视为代表的电子文化损害了启蒙运动以来对人类社会文化进步具有重大推动作用的优秀品质(如理性、质疑等),因此在新媒介中潜藏着巨大的危险。电视文化是对读写文化与印刷文化的戕害,任何话题一旦进入电视之中即被娱乐化。波兹曼还有一个著名的论断,就是"娱乐至死"。

波兹曼所处的时代决定了他对电子媒介的讨

论也是以对电视媒介为主的批判。波兹曼对电视的评价并不高，他认为电视灌输的是不眠不休、絮絮叨叨的废话，电视让观众无思考的空间，而会把大量应该用于学习、培养亲情及管理情绪的时间全部留给这一无用的东西。但是波兹曼喜欢看大卫·莱特曼主持的脱口秀电视节目，并且是他的忠实粉丝。后者常以暴露电视文化的平庸为话题，波兹曼认为这是对电视文化的一个反讽。他还爱看战争片等，看这类电视与其对电视持批判态度并不矛盾，因为波兹曼认为自己已深谙电视媒介的秘密，对其伎俩了然于胸，因此不会成为电视的奴隶。

波兹曼在世的后几年，网络时代到来了。由于时间关系，我们没能看到他对网络时代媒介的深刻理解，但是我们依然可以从波兹曼那里得到丰富的滋养。

6.2 拟境的本质：主体间性

近年来，VR、AR、MR 技术（即虚拟现实、增强现实、混合现实技术）飞速发展，虽然它们在技术上有级差，但实现目标相近。在继 Google Glass 产品发布之后，增加现实的智能硬件技术成为开发的热点，微软、Facebook、高盛、苹果等各大

资本皆聚集于此。Trend Force 的报告显示，2015年全球投入 AR、VR 产业的金额达到 6.86 亿美元，未来投入的金额还将不断攀升。我国政府对 AR 产业发展也持支持态度，"十三五"规划中明确表明支持 VR 等新兴产业的发展。而随着百度、阿里、腾讯三大互联网巨头布局虚拟现实产业，国内众多企业也纷纷涉足，以期在电影制作、游戏、旅游、教育、服务，以及医药、新闻、出版等各行业有所突破。由此，2016 年被称为"虚拟现实技术的元年"，VR 产业呈现一片蓝海。

然而在此热闹场景之后，也不乏专家对 VR 传播进行进一步分析：比如从哲学与美学角度对 VR 的本质探究，从新闻伦理角度对 VR 新闻热衷暴力与血腥场面的渲染的批判，从技术悲观主义出发对"智毁知识将世界引向何处"的沉思，从信息哲学角度对物联网隐私本质的挖掘，法兰克福学派从知识的终极追问角度对 VR 传播的拷问，以及从媒介环境学出发的信息构造对人们观点、价值与态度的影响，等等。这些均揭示了 VR 传播的另一面，给人一种思考。当下是"视觉殖民"的时代，图像传播技术发达，VR 图像的传播已经超越了以往的观看经验，究竟该如何客观地看待 VR 图像的传播呢？

虚拟技术旨在建立一种人机交流的虚拟现实,它包括了三个层次:模仿现实、可能性的虚拟,以及对不可能的虚拟。其最终极的层次是对不可能的虚拟,因此其终极的形态是不可能的虚拟自我繁殖,从而形成鲍德里亚所说的"拟像"。但在这过程中,观看发生了实质性的变化。

6.2.1 主客体混合的图像空间

传统观看中,图像的空间与观看的空间是平行的。图像代表着过去,并以不在场的方式建构了对象的存在方式,观看者站在现在的点上向过去追忆,观看的意义正是在此。近代,流动的摄影图像改变了这一局面,使得不在场与在场的形式得到对接。

VR 则走得更远,它是一种变形的空间,它不处于现实的空间结构中。图像中心地位的取消与观看者多维度地介入构成虚拟技术传播的本质。图像不再是封闭的观看客体,而是对主体打开了。图像由"召唤模式"转为"纳入模式",观看主体与客体都向前走了一步,降临到同一个异次元空间,或者说,主体与客体共同创建了这一空间。

这一空间具有两层含义。首先,它是虚拟实在。迈克尔·海姆认为,虚拟实在"就是实际上而

不是事实上为真实的事件或实体"。因此，它虽然是"虚妄之真"，但不同于文学想象的真实，它是可视的真实。其次，这个虚拟实在空间需要有真实的参与者。借助计算机强大的计算能力，物理空间与虚拟空间实现了无缝对接。参与主体的真切体验摒弃了对这一空间的虚无的印象，从而在真实的前提下悬置了"虚拟"而建构了一种"实在"。

这个主客体同在的空间是"真实"的。首先它的本体是一种"实际真实"，其次在与真实世界的临界上也是真实的。因为它在技术创造的虚拟世界里唤醒的是真实的感情，主体以情感消解了对环境真实虚假的辨识，沉浸到自身的体验与情感中。

2016 年 2 月 23 日，扎克伯格现身三星发布会。当他沿着过道，从观众席的后方向主席台走去的时候，观众并没有习惯性地向这个身边走过的名人行注目礼，而是戴着 Gear VR 表情木然地看着前方。这张新闻照片登出后，曾引起热议，那就是即便在虚拟的世界里大家能够与久违的朋友寒暄，却会对身边的事物产生隔膜感。这种现象其实也表现为一些人习惯于在社交软件中表达感情，而真正与人面对面时，却发现说话很难。虚拟空间中的情感表达反而胜过了真实场景中的情感表达。

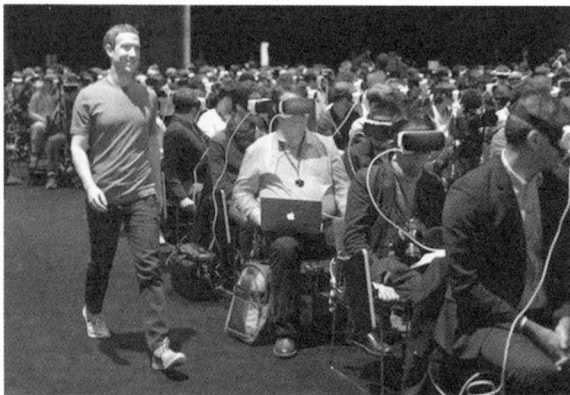

2016 年 2 月 23 日，扎克伯格现身三星发布会

VR 图像的出现也印证了波兹曼关于"媒介即隐喻"的论断。媒介终于摆脱了其依赖的本原世界，通过自己的光影与图像对这个世界进行了新的投射。在这个新世界里，人们不再与世界打交道，而是与媒介符号进行交流。人们没有面对周围的真实事物，而是在不断地与自己对话，在媒介的影响下，调整着自己的思维方式、认知方式与价值取向。"隐喻"创造了我们的文化的全部内容。

6.2.2 观看概念的修正

正因如此，观看的本质改变了。

文艺复兴时期透视策略的成功采用，使得观看者自身与画面反映的客体之间产生了一定的关系，即画面提供了观者通过想象进入客体的方式，

也使得以图像为中心的观看模式得以建立。文艺复兴之前很长的时间内,艺术家注意到了事物看上去都呈现出近大远小的样子,但是并不知道是什么道理,因此发明了"短缩法"来反映视觉差别。文艺复兴时期的布鲁内莱斯基用科学的方法表现出透视的方法,从而在二维度的平面内成功地体现了三维度空间。艺术大师达·芬奇通过实践还总结出了空气透视法,即借助空气对视觉产生的阻隔作用,物体距离越远,形象就描绘得越模糊,或一定距离后物体偏蓝,越远偏色越重。他本人的作品《最后的晚餐》就是透视法利用得极佳的一幅作品。

19 世纪新古典主义对历史古迹的细腻描绘,更激起了观众步入画中的期盼。画面尺幅的增加、环境等比例的呈现,意味着观看主体可以由想象客体进入身临其境(客体)。比如这幅新古典主义画家雅克·路易·大卫所绘的《拿破仑一世及皇后加冕典礼》,图画尺寸为 621cm×979cm,其中所绘的人物大小基本上接近真实的人物,而建筑的高度也近似于真实的建筑。观看者走近画时,就有一种融入其中的感觉。

进入 20 世纪以后,电影等流动的透视画面提供了可以变幻的真实幻象,让观众"流动的虚拟目

雅克·路易·大卫《拿破仑一世及皇后加冕典礼》

光"能够消除想象而代之以更生动的观看效果：世界在身边活动了起来，犹如真实的存在。静态图像的地位逐渐下降。

VR 技术提供了更加奇特的方式：VR 技术通过建筑仿真建模及数据传感等方式建构了一个虚拟环境，这一环境更符合真实的空间，人可以对应环境运动，而不是环境围绕人旋转；AR 技术旨在打造虚实结合的世界，观者可以通过物理的通道融合到虚拟空间中；MR 技术走得更远，它将物理世界完全比特化，更有触感等其他维度的加入，从而增加了体验的成分。于是图像变成了空间，观看变成了游历。

从视觉角度来看，虚拟图像的呈现方式修改了观看的概念：它取消了观看主体与客体的距离；

它以不断变化的角度调整着图像的框架与内容，使观看的逻辑变得含混；它动用了其他感官，使观看变得更加复杂。

这里，笔者想借用"主体间性"这个概念来做类比。主体间性在其本体论上的含义，就是主体与客体之间因相互作用而达成的混合与妥协。在观看中，存在一种基本的想象的观看主体与客体分明的状况，而虚拟图像传播悬置了"观看"，它始终让主体"在场""亲历"，以往通过"观看思考"得到的"结论"，现在通过"体验"而形成"经验"。这样的结果，理性的成分减少了，思考的高度降低了，深度被填平了。

6.3　变形的观看

由于虚拟图像传播空前强调主体的参与，没有主体，就没有图像。而图像始终处于卑微的地位，为了主体的方便而调整呈现的方式，其结果就是颠覆了传统的观看范式。

6.3.1　透视的弱化与框架的消失

传统绘画的观看中，观看主体依靠画家精心建构的观看路线审视画面，越是以真实作为宗旨的画面，越会显现出观看的受限性。即便在活动的摄像机图像中，主体也是依照摄像机的固定视角理解画面,虽然这一观看的角度已大幅扩大。而在 VR 中,主体已不再受限于单点的视点,他可以随时调整观看视线,区分出前景、中景与后景,区分目光的焦点,甚至可以在虚拟景象中走街串巷,随时调整与对象的距离关系。"进入"替代了旁观式的"一瞥",而选择性的视角更使得同一场景可以存在不同的透视方法,主体的全知角度在这里得到了新的挖掘。与叙事模式相适应的是,主体可以选择角色设定,甚至创造自我的形体替身,由此,我可以看到"我"走近或者离开。

同时,在传统绘画与影像中,图像框架的设置保证了主体对对象的凝神。框架不只是对内容的筛选及选择,更是"一种凸显表征空间的话语建构"。而在 VR 中,框架只是观看的边界,"而在此同时,虚拟环境会产生互动,这就意味着使用者可以在某种限度内调整他或她所发现的环境。这种交互性的、使用者可以操控的虚拟现实超越了传统的图画空间"。在虚拟空间封装的素材中主体体验到全息的信息感受,程序员为了逼真的体验效果又添加了许多细节,这样散漫的框架与冗赘的信息使主体失去了观看的重点。

6.3.2 空间的变形与时空意义的改变

如果说网络空间还只是以开放的信息流动容

纳了自由精神的奔涌,将外在的三维现实变形为自我内部多维世界的话,那么VR则依赖全景式的动画将内在的世界还原为三维的空间,并将这假设的物理空间直接导入主体的内在想象空间中,从而将想象与现实的界线完全打破了——这一空间的存在自身就是一个悖论。主体如同莱布尼茨描述的单子那样沉浸在机器装置展示的各种画面里,但是除了单子是真实的,没有其他任何物质。而"空间既是一种静态的与人的存在相关的事实(因为我们无法存在于空间之外),也是一种动态形成的社会性现象",即空间的存在意义在于它提供了社会文化的环境,抽离了这点,空间的意义也就改变了。

同时,这种变形的空间也导致了时间的扭曲,虚拟现实的时间不按现实世界单向度的时间来安排:我可以看到"我"死去,但是"我"可以回到死去之前重新存在。因此虚拟现实的潜台词是"神秘""未来",也就是兰根所说的"HTX"世界[High Technology and X(No name)]那样,任何的奇迹都不再被视为荒诞,但与文化无关。

由上可见,VR图像传播策略的出发点就是迎合主体的观看需要,以主体的体验需要设置图像呈现的方式。VR图像传播重新约定观看的内容,并将其结果返回至观者自身。在这点上,我们不得不赞成迈克尔·海姆的认识,VR 的特性也许最终不在技术而在艺术上。

6.4 虚拟图像传播的危机

虚拟图像呈现方式的差异带来了观看范式的调整与观看意义的变更。正因如此,VR 图像传播的价值与意义也在发生变化,而这一变化也导致了视觉图像的危机产生。

6.4.1 图像意义的丧失与观看趣味的下降

观者与图像保持着必要的距离是获得图像崇高感的必要前提。用大卫·弗里德伯格的话来说,距离唤起了"钦佩、敬畏、恐惧和渴望"的情感。虚拟传播策略却是提供真实无比的互动界面。这时,本来应该是对艺术创造的崇敬反而投向于自身,"具有讽刺性的是,创造虚拟现实的种种发明物却已经成了作为最高审美范畴的崇高所栖身的地方"。图像虽然让人印象深刻,其意义却由此丧失。因此,图像从被膜拜的对象变成被消费的对象,从圣物沦落为娱乐的对象。

同时,图像不断放大观者观看的范围,给予其全方位的观看角度,使观者的"窥私癖"得到满足。

麦克卢汉所说的"媒介是人的延伸"在这里得到了暧昧的解读:依赖于机器制造的触觉等多种感官,人又回到了童年时代,人的情感成为接收信息的最佳利器。虚拟技术新闻报道中,色情、凶杀等视觉垃圾会以更逼真、血腥的方式呈现在观者面前。观者沉浸在视觉的快感中,但同时也暴露出人性中的阴暗面:窥私、嗜血、热衷暴力等。也就是说,观看的趣味正在下降。

6.4.2 视觉权力的操纵更为隐秘与暴力

传统绘画中,透视的采用创造了一种再现视觉权力的方式,透视的意义不在于它较为科学地假设了观者的观看角度,而在于画家通过这一策略整饬与控制了观者观看的内容。从福柯对《宫娥》冗长的分析中我们还认识到更加复杂的观看事实:画家娴熟地编织了复杂的视觉线路就是为了说明,是他操纵了视线的方向,他拥有绝对的权力。

而在VR中,固定观看的角度瓦解了。在虚拟空间封装的素材中,观者体验到全息的信息感受:他自由行走,一直到世界尽头。但事实呢?虚拟现实是通过数据传感及仿真建模等各种手段建构起来的人机互动的虚拟环境,计算机程序员建构了它。观众是被引导进入的对象,他可能也参与了建构,但却是按着计算机的操纵方式成为操纵内容的填补者。因此从这个意义上讲,观者始终只是被操纵的对象,只是他被操纵得更为隐秘,甚至他自身的习惯、态度及方式也被机器记录下来成为操纵其自身的手段。

同时,虚拟并不是纯洁无瑕的,它"仍然留有种族、性别和阶级这些旧的等级关系的痕迹",这在游戏叙事模式及场景描绘的模式中可以清楚地看到。虚拟空间并不是虚无之乡,它是技术的产物,"作为一种异己的东西不依赖于他而在他之外存在着,并成为与他相对立的独立力量;意味着他贯注到对象中去的生命作为敌对的和异己的力量同他相对抗"。VR 是预设的,因此图像掌握在 VR 的开发者与计算机的程序员手里,他们创造了图像,并刻上自己的文化烙痕。德国一家博物馆复原了史前恐龙的形象,通过 VR 镜,观众可以全方位地观察恐龙,无比真实。但恐龙的形象是否真是如此呢?这里,高像素的真实性与真实感悬置了事实的真相。通过观看,真实就成为真理,其刻痕远比通过线形排列的文本阅读得出的印象更为深入,谁掌握了图像,谁就掌握了真理。

6.4.3 虚拟身体的危机

虚拟现实有双重的虚拟:景观的虚拟及观者

主体的虚拟。景观的虚拟面向未知的方向，而主体的虚拟则意味着伪装与分裂。人不只是自然人，也是社会化的结构。朱迪思·巴特勒说："对主体的'内部'和'外部'世界的区分所建立的是一种边线和分界，维持这种脆弱的边界是出于社会管治和控制的目的。"虚拟现实中信息身份即人格身份，人格身份在虚拟现实中可能被置换与重设，这一空间可能是易装癖与变态狂的乐园。

另外，虚拟现实中的虚拟身体还是"遥在"的身体，经过代入不断地分割自己，让自己融入空间。外在客观实在性与内在的主观经验之间的边界被模糊了。运用虚拟技术合成的新闻作品《流离失所》（*displaced*）（播放地址：http://haokan. baidu. com/v？ pd＝wisenatural＆vid＝27492559-513451）就是使"遥在"的身体体验着苦难。而在另一类表现战争、动乱的新闻作品中，全景式的场景复原无法屏蔽血腥与暴力的镜头。观者"代入"到千里之外的目标场域，与亲历者产生"共情效应"。而对受众体验感的过度开发会导致生理、伦理及政治等方面问题的产生。在虚拟现实中，分裂的观者重构了身体经验。浸入式的体验让观众产生极强的代入感，会产生生理上的疲劳，出现恶心、头晕的症状。同时技术将主体的操作直接演算并存入计算机的行为,也可以视为对个人隐私的泄露。个人无须接受公众审视,而借由技术浸入之名窃取的隐私会由伦理问题转化成政治问题。

《流离失所》

6.5　总　结

虚拟图像传播以高像素的图像满足了视觉的苛刻要求,以全新的体验方式挑战了观者的认知力。其图像传播的危机之一在于图像的理性含义本身就弱于文字,当代评论家杰姆逊甚至认为视觉本质上是色情的;其危机之二是大众文化的泛滥,以及虚拟图像传播擅长的对意义的削减及娱乐性的放大。虽然虚拟技术在许多领域的发展值得称道,但在大众文化传播领域却有着难以克服的天生不足,需要审慎地推进。

7 性的觉醒：女性主义的视角

性(Sex)是什么？性(Gender)又是什么？在商业社会及消费主义兴起的当下，女性真正获得了平等吗？女性在强调自身权利的同时，也必然关注自己的女性身份，甚至期盼因此身份而受到青睐或者带来好运。如何来设置女性主义的权利边界，这是个难以解决的问题。

7.1 女性主义的崛起

在 19 世纪 80 年代的法国，"女权主义"运动开始兴起，这一运动的最初目的是追求男女平等，争取选举权，后传到英国，五四时传到中国。20世纪二三十年代，在西方国家的妇女基本上争取到了与男子平等的政治权利后，女权主义者认识到在社会生活与人们的观念中的男女不平等，其中包括了性别认识的关系，因此光讲女权是不行的，也要讲性别分析。因此，女权主义也好，女性主义也罢,开始将眼光转向较为常理性的分析。20 世纪 60 年代开始,女性由争取政治、经济的平权斗争转向对自我身体的收回和对文化身份的确立。

从 19 世纪 80 年代起,英文中开始出现"女权主义"(Feminism)一词,这一词可以理解成一个主要以女性经验为来源与动机的社会理论与政治运动。女性主义的一个基本出发点是:"认识到不论何时何地,也不论是在社会中还是人们自己的生活中,男性与女性拥有的权利是不平等的;由此而产生这样的信念:男性和女性应该平等。认为迄今的知识是关于男人的、由男人写成的、为了男人的,从而认为必须重新认识并理解所有的知识学派,以便揭示这些学派忽视或歪曲性别的程度。"

正因为女性主义发现了世界的书写者实际是男性,因此即便女性主义者在传统社会学领域中进行"女性研究",充其量也不过是进行社会学框架中的一些修补,而真正要实现女权,是要对整个社会学框架进行颠覆性的重构。由此,女性主义发现了原有社会学研究范式的缺陷,并希望通过方法论本身的变更来重建社会学的内容:不只是关于女人或由女人来研究的学问,而且要使其成

为女性的社会学。

20 世纪 90 年代以来，女性意识作为一种重要的社会文化观念，开始被引入人们的研究视野。女性意识是指从女性的角度来看待事物，以女性的眼光来体察生活中的一切，是文化语境的产物。在视觉文化的背景下，女性主义理论认为，社会性别（Gender）和文化一样是人类建构的产物，它与生物学意义上的生理性别（Sex）之间不存在必然的本质联系。生理性别代表了人们的自然属性，它是指婴儿出生后从解剖学的角度来证实的男性和女性，而社会性别则是不同社会文化形成的男女有别的期望、特点及行为方式的综合体现，是社会建构的产物。

西蒙·德·波伏娃（1908—1986）是当代最负盛名的女权主义者。《第二性》1949 年出版，1952 年被翻译成英文。《第二性》确立了波伏娃在西方女权运动和女性主义研究中的先驱者的地位。波伏娃的著作中有一个核心的概念——"他者"，是指那些没有或丧失了自我意识、处在他人或环境的支配下、完全处于客体地位、失去了主观人格的被异化了的人。在男性主权的世界中，女性是根据男性而不是根据女性本身来定义自我的，而且在女性和男性之间存在一种附属和支配、次要者和主要者、客体和主体、他者和自我的关系。男性是积极的、标准的和正当的，而女性或女性化是消极的、非主要的、反常的和不正当的，女性是"他者"。

对这一概念，波伏娃指出，"女人并不是生就的，而宁可说是逐渐形成的"，性别是被建构起来的。女人并非一生下来就具有女性特质，"女性气质"实质上是在社会历史特定性处境中，女性在自我发展和社会强制的两难处境中做出选择的结果。既然女性气质是社会文化外在因素施加于女性的结果，那么女性从"被动地位""他者"身份中解放出来就具有了可能性的前提。

在视觉文化视域下，女性主义的面貌可谓光怪陆离。在广告图像中，女性作为男性的观看对象已经成为一种惯例，消费文化与商业文化正在加强这种趋势。在女性文学中，虽然强势的女权主义者热衷于塑造强有力的女性形象，但是其结果却是走向反面，比如"以身体写作"的女性文学。在女性影视中，关于女性主义影视的概念与范畴仍在不断地修正中，即便如此，有关女性主义影片的佳作仍不断涌现。对当下女性主义的视觉方面的研究，多少还带有福柯学说的影子及消费主义的倾向。

而这些研究的结果发现,在视觉展现中,女性不仅以男性为参照建立起图像景观,而且女性也会非常自觉地承认与维护这些规则。

7.2 消费的身体

文化人类学者克劳德·列维-斯特劳斯指出:"人类社会有三种交换过程:信息、女人和商品。"现代广告则融合了这三种过程。在后现代文化背景中兴起的广告艺术,一是要符合大众的口味,二是要迎合商业化的动机。而后现代的景观首先是审美的景观。在飞速地凝视中,美貌成为唯一的借口。女人串起了信息与商品,成为一种最好的媒介。

7.2.1 视觉霸权

在古希腊的传说中,特洛伊王子、牧羊人帕里斯拥有一项权力,他可以将苹果送给他认为的最美的女神。天后赫拉、智慧女神雅典娜、爱情和美之神阿弗洛蒂忒都是候选人。三位女神都向帕里斯许诺,其中阿弗洛蒂忒承诺帕里斯会得到凡间最美丽的女子。这项许诺深得帕里斯青睐,他最终将苹果给了阿弗洛蒂忒。"帕里斯的裁判"是一项有条件的选美,而选美的最大诱惑就是能够得到美色。帕里斯很好地行使了这项特权,他制定了美丽的法则,并由此获得了美丽的女人。即便是女神,女性还是成了男性观看的对象,女性的身体还是沦为消费的对象。长期的社会实践,塑造了男尊女卑的社会秩序。这一性别上的差异,反映在物质、文化及政治等各个方面,成为最基本的社会制度。在男女两性这种单向度关系中,男人的观看与命名就意味着对性别的审视,女性身体的质感,她的性别姿态,她在被注视过程中与性别有关的一切反应,都呈现在男性目光之中并受其视觉所规定。这仿佛已成为一个社会定律。

男性对女性有着占有权,男性也定义了女性的美丽,这是以男性为中心的社会的主流文化的观念。

下面是一则洗发水的广告:

一个男人在看报,一个穿着暴露的女孩向他展示美。男人不动声色。女孩自语:"他说这样没关系。"

这次女孩又穿着中缝开口很高的长裙,露出性感的大腿向男人展示,男人仍不动声色。女孩自语:"他说这也没关系。"

女孩再次走近男人,这次她的长发

已变成了又短又乱的短发。看报的男人顿时大怒,他拍案而起:"绝对不行!"于是,女孩又恢复了原先的长发,经过处理的油光发亮的长发。

这时画面上出现了某某洗发水的广告语。

这则广告暗示了什么?女性的美丽是男性定义的。电视广告中的女性形象,都是男性眼里的完美的形象:细腻的肌肤、明亮的眼睛、苗条的身材、飘逸的长发。这是消费时代的宠儿,也是男性眼中的女神。这里修图软件大显身手,它帮助女孩增白皮肤,去除斑点,修正身体的曲线,处理不完美的细节。平面与电视中的女性,显得风骚无比、美丽动人,但是实际上这些完美的人几乎是不存在的。广告将女性的形体肢解与变形,将一些细节展现给观众:纤长的手指、鲜红的嘴唇、修长的大腿、扑闪的眼睛,这些细节已经足够了,它们能够拼凑起完美女性的整体形象。

而拥有美丽女性也成为男性成功的标志。现在的汽车杂志中满是"香车美人"的广告,这一类广告传达的是成功男人应该拥有的东西,名贵的跑车在这里与美人一样是其成功的脚注。男人可以拥有美人,像拥有一辆名车一样。女人是物,是可以占用的对象,她与香车一样,是可炫耀的资本。布尔迪厄认为,社会消费中的消费对象是以符号的样式存在的,也就是这些符号指向于"意义"或者"内涵"。在广告中,相关事物的出现是可以以符号价值的相等性来串联的,"香车"的符号与"美女"的符号具有同等的价值,能衬托出男性的地位、品位与气质。

不仅如此,很多女性也同意这样的安排并且自觉按照男性的要求来整束身体,因为在男性的关注下接受男性的照顾与监护已成为传统。女性自然将她的社会气质一分为二,一个是"内在的自我",一个是"内在的观察者"。她使用"内在的观察者"去考量"内在的自我",小女孩就懂得利用镜子来调整自己的外表,这样镜子就与"内在的观察者"成为同谋,使自身处于关注之下。并且她习惯以客观的观看来考量自己,因为她知道在有限的发展空间中,她的目光越接近男性的目光,就越容易获得社会的认可。

鲍德里亚说:"在消费的全套装备中,有一种比其他一切都更美丽、更珍贵、更光彩夺目的物品——它比负载了全部内涵的汽车负载了更沉重的内涵。这便是身体。"身体作为一种商品空前地

被开发了,身体成为消费时代最闪亮的景观。因此,广告以男性的要求给女性树立标准,女性参照这一完美形象后产生了强烈的自卑感,于是采取疯狂的补救行为。胸不够挺拔,那就请用丰乳剂!眼睛不够迷人,那就使用美瞳、睫毛膏!体重超重了,请用减肥产品!想与模特一样有气质,那请穿这样的衣服、用这样的包包!如果说古代是用皮鞭来规训女性,那么现在只要用一个体重秤就行了:塑造一个主流价值观,让女性自己给自己套上枷锁。女性会自动地修正自己,不断地趋向完美。这就是广告的魅力,它展现的是男性视野下女性的形象,以及女性对自己的凝视——这一标准,完全遵循男性的意志而展开。

7.2.2　色情与暴力

不仅如此,对女性美貌进行审视的同时,男性的眼光更会落到女性的隐私处。因为一旦身体变得时尚化,一旦它被编码整理,在社会理论中就会越来越多地强调欲望、性和情绪。男性观看的女性,不仅要有美貌,而且要有风情,能够激发他男性的气概。而这一尺度,无疑使商业广告走向"腰带之下"的企图更强了。性成为色情的替代物,性也成为推销手段,其手段更多,尺度更大,覆盖面也越来越广。

某口红的广告,是展现女性的红唇。不同容颜的女子,嘟着性感的红唇,对着镜头做各种挑逗的唇形。其广告的含义是,使用了这些唇膏,你就能捕获男性。使用吧,因为它是符合男性需要的。

一则洗衣机的广告,是女子的红酒倒在了男子的西服上,女子边大胆地将男子的外套脱去,边牵引他来到内室。她的举足投手,充满了挑逗的意味。男子的衣服被扔进洗衣机。这时出现了洗衣机的广告语。

一则汉堡的广告,汉堡又大又长,仿佛是男性巨大的阴茎,而女孩子张开嘴品尝。在这个赤裸的隐喻中,女子的形象完全不像一个正常用餐的女性,而是亢奋的性饥渴者的样子。她的行为,会让人想到口交。

一则男性沐浴露的广告,镜头中出现一个正在跳钢管舞的女子,她围着一根家庭中常见的下水管在房屋里舞蹈。镜头往上摇,摇到二楼,二楼的另一位女子也在跳钢管舞,她更加疯狂,脸贴在管上。镜头再往上摇,摇到三楼,三楼的女子把自己倒挂在管子上,一脸痴狂。镜头终于摇到四楼,露出一双男性的脚,脚边放着一瓶沐浴露,这时广告语出现。整个广告中充满了性的暗喻:钢管、女

子的肢体语言、男性的裸脚。一瓶男用沐浴露，能散发如此强大的荷尔蒙，让三个女子疯狂。夸张与诙谐并不是广告的缺点，但是创意中缺乏对女性的尊重。广告将女性视为色情物的隐喻，在男性强大的魅力面前，她们没有了起码的自尊。

而且这种视觉的暴力也会向女孩延伸，性展现对象的童稚化是另一个危险的预兆。一脸稚气的女孩子也穿着三点式的服装，出现在世人面前。她们还不会搔首弄姿，但一脸的纯真有着更大的做作。她们被要求摆出各种姿势，顺从地乃至受辱地接受男性的指导。看到这种图像的男子都会感到自己的强大。

广告给了男性太多的权力，这只能说明，在商业化的当下，身体也进入符号逻辑中。那样，就会构成一种新的霸权——身体霸权。男性通过对身体的操纵，获得了性别社会建构的另一块领域。身体的祛魅与身体的崇拜再次纠缠，成为后现代的一道奇异景观。

7.3 《人·鬼·情》：撕裂的人生与内心

关于女性主义的电影，至今还在概念的界定之中。有人认为，反映女性的影视就是女性主义影视；有人认为，有女性导演并以女性为主角的影视是女性主义影视;有人认为,以女性视角观察世界,反映人生的影视是女性主义影视。不管如何定义,这些影视比较贴近女性心灵,多从女性视角进行观察,也多有为女性呐喊的倾向。

7.3.1 《人·鬼·情》故事梗概

《人·鬼·情》就是一部国产的优秀的女性主义电影。《人·鬼·情》是黄蜀芹导演的影片,1987 年由上海电影制片厂摄制。

1987 年初,黄蜀芹无意间看到作家蒋子龙的一篇报告文学《长发男儿》,文章写的是河北梆子名伶裴艳玲从小苦练最后成才的经历。她意识到,女演员能演一个男人并演得那么成功,本来就是一个奇迹;而如果一个女演员去演一个男鬼,其中有很多故事可以想象。于是黄蜀芹设法找到了裴艳玲,采访、挖掘关于她的故事和细节,然后回家写剧本,最终有了这部影片。

影片讲述了秋芸从艺的故事。20 世纪 50 年代,秋芸的父母在戏班子里搭档唱《钟馗嫁妹》,小秋芸暗地里偷着学戏。后来母亲与人私奔,父亲欲带她回乡,但秋芸迷恋戏曲艺术,坚持要学戏。父亲无奈,只好教她唱男角。秋芸学艺刻苦,很快就成了戏班里的台柱。在一次演出中,她被省剧

团的张老师选中,正式进入剧团。20世纪60年代,秋芸在张老师的传带下,成为剧团的头号女武生,师生之间也产生了真挚的感情。但张老师是有妇之夫,他俩的情感引起了剧团的非议。为了秋芸的前途,张老师离开了剧团。秋芸成名后,别人的嫉妒、讽刺、流言、诽谤总伴随着她,使她深感苦恼。一次演出中,有人在道具桌上插上了钢钉,秋芸翻身撑椅,结果手掌被戳。这一经历,让其感到女性成名的艰难,于是她不再饰演英俊小生,而是抹花了颜面,改演钟馗。"文化大革命"中,因无戏可演,秋芸也结婚成家,生了两个孩子。粉碎"四人帮"后,秋芸焕发了青春,重返舞台,以精湛的技艺蜚声国内外。但丈夫对她的事业不支持,离家而去。生活的种种波折,使她深感人情寡淡,决心一辈子嫁给舞台,永远献身于艺术。

7.3.2 痛苦的觉醒

《人·鬼·情》公映后,得到了极高评价,也获得了很大的成功。

高启龙评价:"黄蜀芹的电影《人·鬼·情》,把女性作为两性关系的中心,男强女弱的传统性别模式完全颠倒了。女性刚强有为,拥有强烈的反抗意识;而男性则有一种柔弱的女性气质,有一种天生被'阉割'的特征,因为懦弱无能而无法成为受困女性的拯救者和庇护者。这显然是对传统父权制文化的一种试图性的冲击。然而,就在这样一种父权制的文化里,女性除了仍旧不能在男性那里找到生命的寄托外,关键是女性的反抗最终也是走向虚无的。"影片中有两个不成功的男子形象。父亲老邱遭妻子抛弃,心灰意冷,回乡务农。张老师虽然喜欢女学生,但是慑于人言,选择了离开。他的离开为秋芸立足省剧院创造了条件,却无法慰藉秋芸受伤的心灵。

戴锦华敏锐地注意到黄蜀芹的电影修辞策略,即在秋芸的每一个悲剧场景中都设置了一个傻子,充当目击者。秋芸的每次受辱,每次冲突,每次分离,都有一个傻子在一旁,他总是"笑呵呵地、被人群推来操去,对发生在秋芸身上的'小'悲剧目无所见,无动于衷"。这个男人的形象是历史潜意识的隐喻,徒有男性的外形,而完全丧失了阳刚与伟岸的男子之气,显示了被"阉割"的气质。男性世界的倒塌,使秋芸感到了自己的无助,作为一个女性,她无法承受社会的压力,因此她必须在自己身上创造出一个男性形象来支撑自己。就这样,她选择了自己饰演的钟馗作为内心的倚仗。在受到压力与挫折时,她与自己饰演的角色进行

了对话,她在撕裂的人格中找到了精神的寄托。

黄蜀芹处理秋芸与内心对话的镜头非常唯美、神秘。"钟馗出场必用黑丝绒衬底,山坡、星月、亭台楼阁等包括道具都不要。"只有一个大红色袍子和大花脸形象的大鬼出现在舞台上。黑色成全了"钟馗世界"。起初,为了省钱,制片组建议用黑色的平绒代替黑丝绒。但是灯光打在平绒上有微弱的反光,不是想象中的效果。黄蜀芹执意用黑丝绒,甚至罢拍,才使得这样神秘莫测、梦幻般的世界得以呈现。黑暗是秋芸思想的底色,悲哀而无边界。这个黑暗的世界里,只有心头唤醒的鬼成为她的知音。

钟馗在剧中出现了四次,第一次是秋芸与少年玩伴争吵时,朋友二娃不客气地让她回家找野爸爸,其他人也跟着起哄。秋芸与二娃撕打,被摁在地上。这时钟馗出现了,他持剑喷火,救了秋芸。第二次是秋芸手掌被刺,她抹花面目,嘶声喊叫,这时钟馗出场,他眼中含泪。此时,秋芸的另一个自我已和钟馗合体了。第三次,是"文革"后秋芸重上舞台,但是得不到家庭的支持。在冷清的家中,钟馗与秋芸的对话是秋芸对自己的安慰。最后,秋芸回乡,醉酒归家,她以女儿面目再次与钟馗对话。钟馗语:"人世间妖魔鬼怪何其多,打不完。我送你出嫁。"秋芸说:"你已经把我嫁给了舞台。"

在世间,两人都已战累。能够抓住的,只是艺术这一最后的慰藉。邵牧君说:"作为艺术手法,影片这种实在世界和虚幻世界在纯视觉层面上的交叉扭结,是颇具新意的;而借用本来就以虚拟为本、写意见长的戏曲来构成人物心理历程的虚线,尤见匠心。"实际上,秋芸每次与钟馗的对话,都显得非常悲怆。

7.3.3 绝望的拯救

片中揭示秋芸并非老邱亲生女儿,秋母也是为了自己的幸福而抛弃亲女。这一细节的挖掘,可以看到女性在召唤自己觉醒的同时是需要付出代价的。因此,秋芸的成长之路也就是向自己的女性身份告别之路。她回避自己的真实身份,向异性靠拢,她演赵子龙、诸葛亮,演光彩而智慧的男性,但这不能拯救自己,她只好再告别男性的身份,寻找一个非人的身份进行躲藏。李颖欣评价:"《人·鬼·情》是中国最具女性意识的一部电影。一个女人借助戏剧舞台,借助男儿身,获得身份的认同、性别的补充。更深刻的是,这是现代女性历史命运的一个隐喻。一个拒绝并试图逃脱女性命

运的女人,一个成功的女人——因扮演男人而成功,作为一个女人而未能获救。这既是女性意识的觉醒,不再匍匐于男权主义之下,也是女性主体身份地位的缺失,在屡次得不到男人的保护之下,自己创造一个钟馗,自己保护自己,弥补现实世界中的缺失。"

影片探索的是成长中的女性在面对自己、男性、世界时的分裂。由于世界与男性的不可靠,女性才在无助时求助于自己,但是这个自己不是以本来的面目出现的,它只能是一个黑暗的、男女合体的怪物。

自救与他救都不成功,女性主义的前途看上去还是非常渺茫。戴锦华说:"从某种意义上说,它是迄今为止中国第一部、也是唯一一部'女性电影'。"这一结论的提出虽然距影片拍摄已过了许多年,但是连黄蜀芹也没有否认这种解读,恐怕这一影片的深邃性是拍摄时都未曾想到的。

7.4 总 结

波伏娃指出女性有解放自己的途径:第一,做一个职业女性。任何社会制度下,家庭都是束缚女性手脚的一大障碍。女性解放有赖于家庭的取消。第二,成为知识分子。波伏娃认为,女性必须有意识地提高自身受教育的程度,清楚地意识到女性处境的特殊性,并通过参加社会工作等方式获得经济的独立。第三,争取对社会进行制度改造。波伏娃认为社会主义制度的确立会带来全人类的解放,女性只有通过阶级解放才能获得自我的解放。这些方法,都是社会学角度中的女性觉醒与自救。然而在视觉领域内,女性主义面临的复杂性还更多来自审美的偏执与自恋走向的反面。女性主义并不是在女性立场上对两性观念的全面颠覆,也不应该夸大女性的社会建构而忽视其生理上的特殊性。追求本真既是女性的自审,也是男女性别平等的表现。

参考文献

[1] 布克哈特.意大利文艺复兴时期的文化[M].
何新,译.北京:商务印书馆,1979.

[2] 福柯.权力的眼睛[M].严锋,译.上海:上海
人民出版社,1997.

[3] 福柯.规训与惩罚[M].刘北威,杨远婴,译.
北京:生活・读书・新知三联书店,1999.

[4] 丹纳.艺术哲学[M].彭笑远,译.北京:北京
出版社,2007.

[5] 波伏瓦.第二性[M].郑克鲁,译.上海:上海
译文出版社,2011.

[6] 波兹曼.娱乐至死[M].章艳,译.桂林:广西
师范大学出版社,2011.

[7] 潘诺夫斯基.图像学研究:文艺复兴时期艺术
的人文主题[M].戚印平,范景中,译.上海:
三联书店,2011.

[8] 波兹曼.技术垄断:文明向技术投降[M].蔡金
栋,梁薇,译.北京:机械工业出版社,2013.

[9] 施坦伯格.另类准则:直面 20 世纪艺术[M].
沈语冰,刘凡,谷光曙,译.南京:江苏美术出
版社,2013.

［10］皮尔斯.皮尔斯:论符号［M］.赵星植,译.成
都:四川大学出版社,2014.

［11］波兹曼.童年的消逝［M］.吴燕莛,译.北京:
中信出版社,2015.

［12］布尔迪厄.区分判断力的社会批判［M］.刘
晖,译.北京:商务印书馆,2015.

［13］巴特.流行体系［M］.敖军,译.上海:上海人
民出版社,2016.

［14］沈珉.中华图像文化史·皮影卷［M］.北京:
中国摄影出版社,2016.

后　记

悉尼的八月,正值南半球的冬天,空气不像杭州那么稠密、炽热。会议结束后,正好去夕阳下的海滨,欣赏世界闻名的悉尼歌剧院。出国时粗心,没有买当地的手机卡,百度地图不管用。只好根据机场上拿的简易地图所示的海滨方位,结合太阳的方位进行摸索,结果是南辕北辙。突然想起来,悉尼在南半球,太阳悬挂的位置是在北方。想清这点后,感到平时积累的地理经验霎时无用了,盘算半天我也搞不清方向,只好一边问路一边"摸"向海滨。

说这个例子,是想说明我们每个人都具有一个认知图式,它与我们个人的性格、好恶观等相关,也与我们的文化背景相关。图式成为我们认识外部的基础,但在当下,它可能有助于我们进一步地认识对象,也可能会遮蔽了我们的观看,让我们陷入认知的盲区或者陷阱之中。况且,现代人面临的视觉状况要比过去复杂得多,面对许多人工制造的图景,仅凭以往的经验已无法判断其本质与意义。因此,对于视觉文化的认识,不是有没有兴趣的问题,而是被迫解答的生存问题。谁了解深刻,谁就能在身处其中的图像世界里得到拯救。

本书讨论理解视觉文化的方法,但理解视觉文化本身就是"跨学科"的,每一种方法都有其长处与短处,不可能奢望以一种方法来穷尽理解的所有途径。选用个案是为了举一反三,教会大家思考与分析的方式。

视觉文化的课程已经讲了三轮了,幸遇蒋承勇教授"网络化人文丛书"编撰的机缘,能够将这本小册子收录在内,以飨读者,深表谢意。

书中图案为徐逸扬同学处理制作,视频为麻振斌同学制作,在此一并致谢。

沈 珉

2018 年 8 月于悉尼帕特拉玛城市公寓